Opus 84

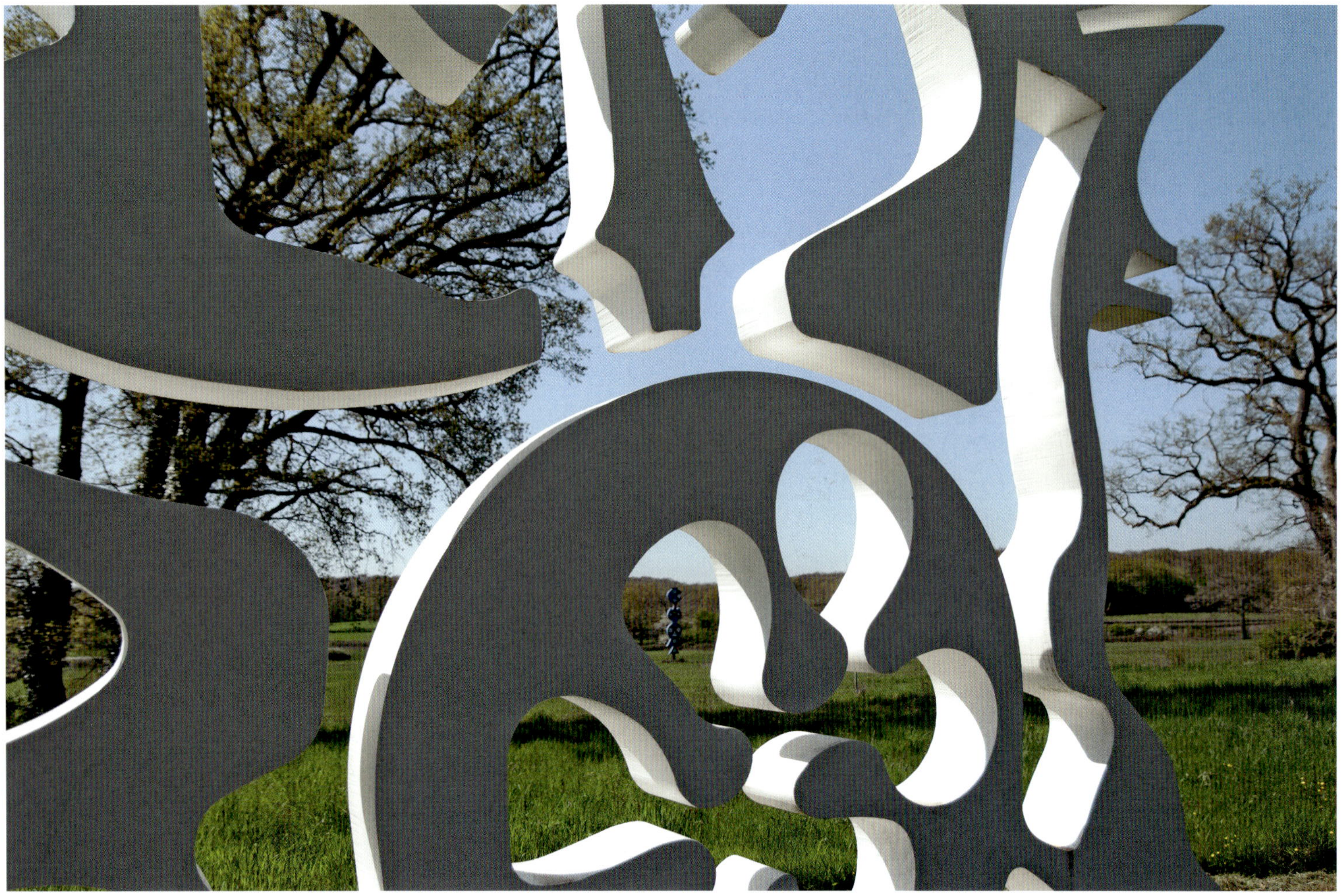

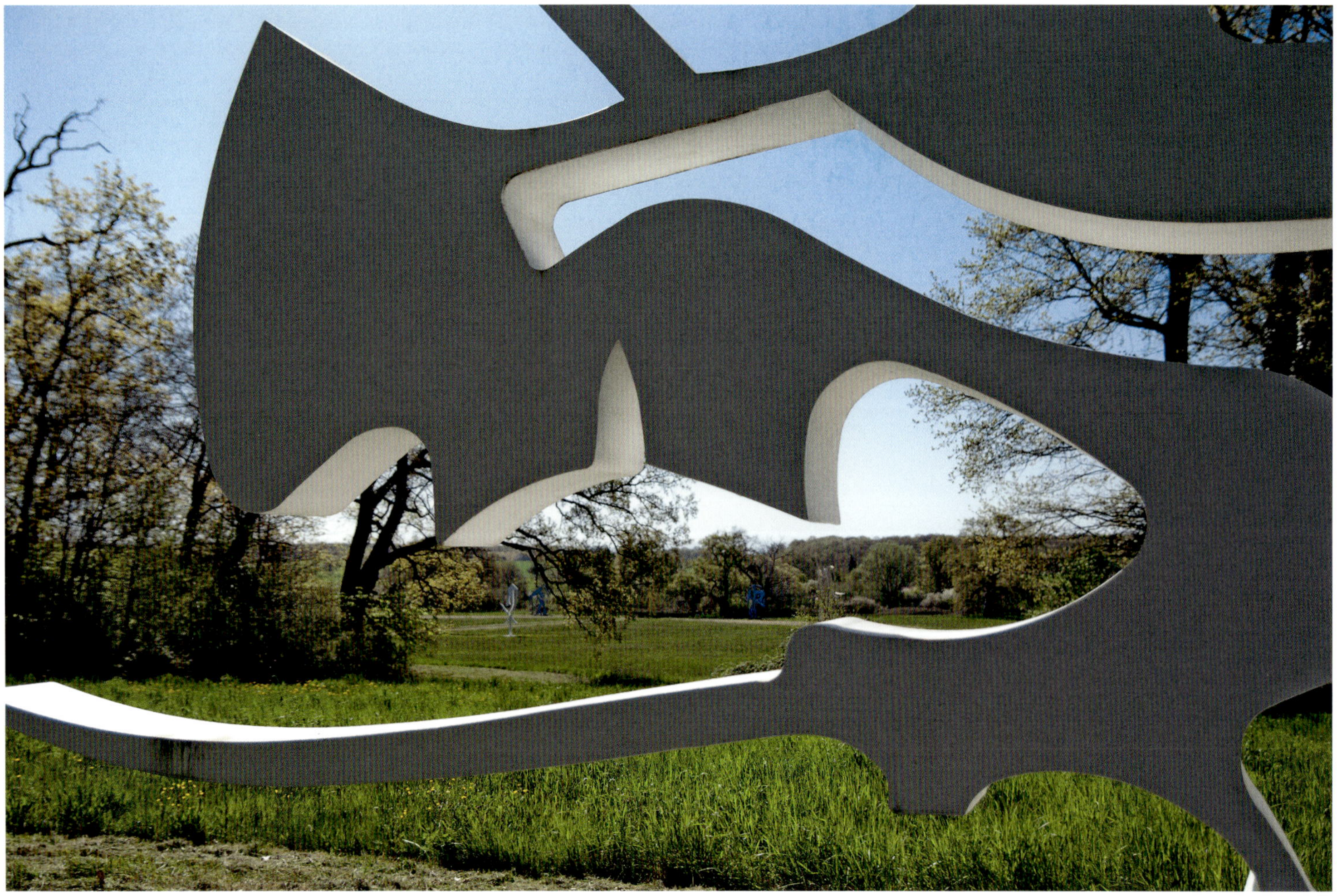

Die Quälerei IV.
L'Harcèlement IV.
The Ordeal IV.

Photos: João J. de Abreu Vares

Parc de sculptures
Erich Engelbrecht
Château des Fougis

Essais / Essays
Gottfried Knapp
João J. de Abreu Vares

Photographies / Photographs
Philippe Hervouet

Edition Axel Menges

Editeur / Editor: Axel Menges

ISBN 978-3-932565-84-7

Impression et reliure / Printing and binding: Graspo CZ, a. s., Zlín, République tchèque / Czech Republic

Traduction en français / Translation into French: Mireille Auzias-Poumet
Traduction en anglais / Translation into English: Alison Kirkland
Design: Axel Menges

Table des matières

Table of contents

Gottfried Knapp

Le jardin des secrets. Les sculptures d'Erich Engelbrecht dans le parc du château des Fougis

Dans le Bourbonnais, région peu peuplée proche du centre géographique de la France, les attractions touristiques sont nettement plus clairsemées que dans la Bourgogne ou l'Auvergne qui le bordent à l'est et au sud. Et la vie semble se limiter sur de grandes étendues aux bœufs blancs de race charolaise qui paissent presque partout sur les collines aux douces ondulations.

Pour celui qui parcourt cette région en voiture, il est d'autant plus excitant de voir brusquement surgir dans un pré des silhouettes artistiques bizarrement déchiquetées, des objets métalliques aux contours tranchants et aux couleurs éclatantes dont l'étrangeté exerce un charme électrisant et suscite un attrait mystérieux, comme si elles venaient à l'instant de descendre du ciel et de s'installer ici.

Pour nous autres, pèlerins de l'art qui avions fait la longue route depuis Lyon, l'étincelle s'est produite dans la voiture quand, après avoir traversé le village de Thionne, nous avons découvert soudain ces êtres fantomatiques et mystérieux qui semblaient nous faire signe comme s'ils nous avaient attendus. Mais en arrière-plan le château était là, signalé depuis quelques kilomètres par les panneaux indicateurs. Nous avions donc atteint le but de notre voyage d'art. Place à l'étonnement.

L'artiste allemand Erich Engelbrecht ne fut pas moins étonné lorsqu'au cours de l'été 2000, à la recherche d'un lieu en France où il pourrait installer ses sculptures monumentales, il découvrit ce terrain ouvert comme une prairie et, derrière lui, le château lové dans un bois. C'était exactement ce qu'il s'était imaginé: un espace libre délimité par des groupes d'arbres pittoresques. Et le fait qu'au bout du terrain un château attendît un nouveau propriétaire, fit de cette découverte un coup de chance tel que les hommes en vivent rarement et les artistes presque jamais.

Une fois déjà – longtemps auparavant en Allemagne – un bâtiment situé à la campagne avait donné à la vie de l'ingénieur Erich Engelbrecht, inventeur créatif et conseiller industriel à succès, une impulsion décisive en direction des arts plastiques. Entre 1958 et 1960 il avait recommencé des études en histoire de l'art et philosophie, à Munich. Lors de l'un de ses voyages en train entre la ville de ses études, Munich, et la ville où il résidait, Bielefeld, il avait reçu en entendant certains bruits du train des images très colorées, et les avait vécues avec une telle intensité qu'il décida spontanément de devenir artiste, et de se consacrer à des images de ce type ou semblables.

Peu de temps après Erich Engelbrecht, utilisant son expérience en matière technique, a réalisé ses premières sculptures en soudant ensemble des pièces de machines trouvées çà et là. C'est à cette époque également que les premiers tableaux de grand format ont vu le jour à Bielefeld. Mais ce n'est qu'en 1961, alors qu'il louait une ferme vieille de 200 ans à Holterdorf dans le district de Melle en Basse Saxe, où il pouvait faire librement ses expériences, que cet inventeur de machines expert en technique, qui avait fait ses premiers pas en direction de l'art, devint l'inventeur d'images œuvrant avec sûreté dans presque tous les genres artistiques classiques et développant de manière créative les techniques et les outils usuels de son temps au gré de son imagination.

Ainsi Erich Engelbrecht a par exemple construit à Holterdorf un métier à tisser nettement plus large que les modèles du commerce. Avec cet appareil, cette machine à peindre de sa fabrication, sa femme Waltraud pouvait confectionner des tapisseries d'une taille et d'une coloration inhabituelles. Et comme l'inventeur de ce métier à tisser installa peu après dans sa maison une teinturerie de fil dans laquelle n'étaient utilisées que des couleurs résistantes aux UV, il put transposer sur des tapisseries les couleurs intenses qu'il avait déjà condensées en formes claires dans ses peintures à l'huile et développer ainsi son propre style de tapisseries, sa propre technique de peinture avec des fils.

La ferme de Holterdorf, transformée et agrandie dans les années soixante pour être à la fois lieu de vie de la famille, atelier et même galerie pour les œuvres d'art naissantes, a donc eu une importance énorme pour l'évolution de l'œuvre picturale d'Erich Engelbrecht. C'est ici que l'artiste a trouvé son style individuel, qu'il a peint ses tableaux les plus importants et fait ses premières expériences des techniques du textile et de la céramique. Et c'est ici que ses premiers travaux d'œuvre gravé sont nés: sérigraphies, lithographies, gravures.

Mais surtout: Erich Engelbrecht a découvert à Holterdorf la sculpture en acier, désormais sa passion, comme le médium lui permettant de transposer le monde de formes qu'il avait créé en espace monumental. Et c'est ici, sur le terrain autour de sa maison qu'il a installé ses premières sculptures en acier à ciel ouvert, donc testé en quelque sorte un parc de sculptures en modèle réduit.

Quand Erich Engelbrecht, exactement 40 ans après son emménagement à Holterdorf acquit le château des Fougis, son œuvre plastique était déjà largement développée d'un point de vue formel. Il n'avait donc pas absolument besoin d'un deuxième atelier pour rester créatif ou créer quelque chose de nouveau. Et il n'avait pas non plus absolument besoin d'une résidence secondaire en France. L'ancien pavillon de chasse des Bourbons qui avait été remanié au 19e siècle dans le style Renaissance par ses propriétaires et complété en 1912 par une loggia commune aux deux ailes, offrait suffisamment d'espace de vie pour toute la famille. Mais surtout: dans les pièces représentatives du rez-de-chaussée et du premier étage, en particulier dans la loggia vitrée et dans le couloir large et clair situé au-dessus, on pouvait accrocher des tableaux et des tapisseries de grand format, et installer des sculptures d'acier, qui jusque là avait sommeillé dans des dépôts.

On pouvait donc habiter le château et en même temps l'utiliser en partie comme galerie d'exposition. Ici on pouvait montrer aux visiteurs qui avaient réservé une visite guidée du château et du parc des œuvres qui jusque là n'étaient accessibles qu'en photos. Mais ce qui était bien plus important pour l'œuvre artistique à laquelle jusque là seules quelques expositions avaient rendu hommage, c'était le terrain autour du château, le grand espace libre devant la terrasse sud, les prairies ouvertes et la grande cour en forme de place entourée des deux ailes du château et de groupes d'arbres touffus.

Erich Engelbrecht put agrandir pour ces lieux certaines des figures polychromes esquissées entre les années soixante et quatre-vingt de telle sorte qu'elles

Gottfried Knapp

The garden of secrets: Erich Engelbrecht's sculptures in the park of the Château des Fougis

In thinly-populated Bourbonnais tourist attractions are significantly scarcer than in Burgundy to the east or Auvergne to the south. Over large expanses, the only life on view appears to be restricted to the white Charolais cattle that graze almost everywhere on the gently undulating hills.

This makes it all the more intriguing when, driving through the locality, one suddenly sees a meadow ahead full of bizarre, jagged art objects, metal objects with sharply-cut edges whose brilliant colours appear electrifyingly alien and even mysteriously enticing, as though they had just descended from the heavens to display themselves here.

In the case of art pilgrims like us, who had made the long journey from Lyon, shouts could be heard in the car as, having driven through the village of Thionne, we suddenly discovered these mysterious spirit beings, which appeared to wave as if they were expecting us. But in the background, there was the château to welcome us, announced by signposts some kilometres previously. We had reached the end of our art journey. We could begin to marvel.

The German artist Erich Engelbrecht can scarcely have marvelled any less when, in the summer of 2000, during his search for a place in France where he could present his large sculptures, he discovered this open, meadow-like land, with the château tucked into a piece of forest behind it. This open space, picturesquely framed by groups of trees, was precisely what he had imagined. The fact that a château was waiting for its new owner at the end of this tract of land made this discovery a stroke of luck rarely experienced by anyone in general, and almost never by artists in particular.

Once before – a long time previously in Germany – a building located out in the country had given the qualified engineer, creative inventor, and successful industrial consultant Erich Engelbrecht a push in the direction of the fine arts. From 1958 to 1960, he had begun a second course of study in Munich, studying art history and philosophy. During a train ride from his place of study in Munich to his home in Bielefeld, he heard specific sounds created by the movement of the train that caused him to perceive vividly coloured images, which he experienced so intensively that he immediately decided to become an artist, to devote himself to these or to similar images.

Only a short time later, Erich Engelbrecht, taking advantage of his experience with technical equipment, welded found machine parts together to create his first sculptures. He also created his first large-format paintings during this period in Bielefeld. However, it was not until 1961, when he leased a 200-year-old farm in Holterdorf in the precinct of Melle in Lower Saxony where he was able to experiment unhindered, that the technologically skilled inventor of machines, who had taken the first steps in the direction of art, became the inventor of images, able to operate confidently in almost all of the classical genres of art and creatively refining the techniques and equipment customary at the time according to his own ideas.

For instance, Erich Engelbrecht constructed a loom in Holterdorf, significantly wider than conventional models. This machine – this self-created painting device – allowed his wife Waltraud to create gobelin tapestries of unusual size and colours. And, since the inventor of this loom also set up a yarn dyeing workshop in his house a short time afterwards, using only light-resistant colourings, he was able to transfer the intense colours he had previously focused into clear forms in his oil paintings to tapestries, thus creating a distinctive gobelin style.

The farmhouse in Holterdorf, which Erich Engelbrecht renovated and expanded in the 1960s to provide a home for his growing family as well as a workshop, a studio, and a gallery for the artworks he was creating, was also of enormous significance in the development of Erich Engelbrecht's visual work. It was here that the artist discovered his individual style; it was here that he painted his most important pictures and experimented for the first time with textile and ceramic techniques. It was also here that his first printed works, silkscreen prints, lithographs, and etchings were created.

Most of all, however, it was in Holterdorf that Erich Engelbrecht discovered steel sculpture as the medium that would allow him to transfer the world of forms that he had created into a spatial – even a monumental – dimension. From that point on, they became his passion. It was here, in the land around his house, that he exhibited the first steel sculptures in the open air, making a kind of an experimental sculpture park model.

When Erich Engelbrecht acquired the Château des Fougis in France, around 40 years after moving into Holterdorf, his visual work was already largely developed in formal terms. Thus, he did not necessarily need a second studio in order to remain creative or to create something new. Nor did he necessarily need a second home in France. This former Bourbon hunting lodge, which had been redesigned in the 19th century in the Renaissance style by its owners and given a shared loggia placed in front of both of the two wings in 1912, provided sufficient living space for the whole family. Far more importantly, however, large-format paintings and gobelins could be hung, and steel sculptures displayed, in the grandly appointed rooms in the ground and the first floors – and especially in the glazed loggia and the wide and bright hallway created above it. These pieces had previously languished in storage.

Thus, the château could be inhabited, whilst parts of it could be used as a gallery for exhibitions. Here, one could show artworks that could previously be viewed only in photographic forms to visitors who had booked tours of the château and the park. Far more important to an artistic œuvre that had previously appeared in only a small number of exhibitions, however, were the grounds around the château: the large open space extending from the south terrace, the adjoining open meadow land, and the wide, plaza-like courtyard, framed by dense groups of trees and by the wings of the château.

For these locations, Erich Engelbrecht succeeded in enlarging some of the polychrome figures he had designed in the sixties, seventies, and eighties, ensuring that they retained their power when set against the depths of the landscape. Above all, however, he was able, for the first time, to expose in an open landscape the giant steel sculptures that he had been designing

gardent leur force dans la profondeur du paysage. Mais surtout il put pour la première fois exposer à ciel ouvert les sculptures géantes en acier imaginées à la fin des années quatre-vingt, dont seules quelques unes avaient pu être montrées en extérieur, pour qu'elles puissent développer toute la dynamique gestuelle de leurs formes.

De tout temps les artistes ont aspiré à faire sortir leurs œuvres plastiques de l'atelier à l'air libre. Car le lieu dans lequel les sculptures peuvent au mieux déployer leurs trois dimensions est l'espace libre, qu'aucun mur ni plafond ne limite, et dans lequel les courants d'énergie et de mouvement peuvent vibrer sans contrainte. Bien sûr les sculpteurs des temps modernes ont connu aussi les effets différents produits par leurs œuvres dans des espaces clos ou ouverts. Et ils ont développé des formes spécifiques pour les deux formes de présentation. Mais comme l'espace public n'offre que très peu de possibilités de se déployer, pratiquement partout dans le monde des parcs spéciaux de sculptures ont été créés.

Les collections d'œuvres plastiques en plein air les plus importantes sont sûrement le parc de sculptures du Kröller-Müller Museum à Otterlo et celui du Louisiana Museum of Modern Art à Humlebæk près de Copenhague. En France le parc de la Fondation Maeght à Saint-Paul-de-Vence passe pour l'une des plus précieuses collections de sculptures à l'air libre. Mais là les œuvres acquises ont été installées entièrement selon les idées du galeriste, collectionneur et mécène Aimé Maeght et de sa femme Marguerite. Ce n'est pas le cas du parc de sculptures »Ile Art« près de Malans (Haute-Saône): les artistes invités peuvent y choisir eux-mêmes le lieu pour lequel ils veulent produire quelque chose.

Pour trouver des lieux qui puissent être comparés au parc de Fougis il nous faut nous tourner vers les parcs de sculptures qui ont été installés par des sculpteurs modernes pour présenter leurs propres œuvres à proximité directe de leur lieu de vie et de travail.

L'exemple le plus éminent est sans doute celui du jardin que le sculpteur anglais Henry Moore a installé à Perry Green dans le Hertfordshire sur le vaste terrain vert autour de sa maison et de son atelier, qu'il a agrémenté de 25 grandes sculptures. Le sculpteur allemand Erich Hauser offre une vue d'ensemble comparable de son œuvre dans sa ville natale de Rottweil, dans l'atelier et la maison d'habitation résolument modernes, et dans le grand parc de 30 000 m^2 qui l'entoure. Les sculptures d'acier composées de formes géométriques acérées, qu'il y a fabriquées et installées, en partie de la taille d'une maison, semblent communiquer entre elles par gestes, par delà la prairie. L'autre grand sculpteur sur acier d'Allemagne, Alf Lechner, a découvert pour son œuvre une ancienne usine sidérurgique dans la vallée de l'Altmühl en Bavière, dont les anciens ateliers et bâtiments administratifs dessinent un tableau pittoresque sur fond d'ancienne carrière. Lechner a aménagé l'un des bâtiments en maison confortable, transformé les ateliers de l'usine en salles d'exposition et installé un musée en plein air avec ses sculptures sur acier sur les terrasses de la carrière située derrière.

Lorsqu'Erich Engelbrecht se demanda comment disposer les grandes sculptures nées en Allemagne sur le terrain des Fougis, il se laissa guider par un plan historique du jardin. En 1889 le paysagiste François-Marie Treyve avait projeté de faire un chemin circulaire partant du château, auquel un autre cercle devait venir s'adjoindre au sud. Erich Engelbrecht reprit le premier cercle dans son plan de cheminement et emprunta au deuxième cercle le virage qui ferme le terrain. Il relia ces deux formes circulaires esquissées par un chemin droit dirigé exactement sur l'axe médian du château. Quand on regarde de très haut le terrain sur Google Earth, avec le cercle qui part du château, la droite qui le prolonge et les deux formations en forme d'ailes du segment circulaire au bout du terrain, on découvre que les chemins tracés par Erich Engelbrecht décrivent à peu près la forme d'une ancre.

On pourrait donc dire: l'art a jeté l'ancre dans le parc du château des Fougis. Douze des sculptures installées ici s'élèvent directement au bord de ce chemin. Les autres œuvres ont été disposées soit devant certains groupes d'arbres, où elles se détachent particulièrement bien, soit elles ont été positionnées sur la prairie ouverte de manière à ce qu'on puisse les contempler facilement de tous les côtés.

Si on jette un regard d'ensemble sur l'œuvre plastique complète d'Erich Engelbrecht, une ligne d'évolution claire se détache. Elle conduit des premiers tableaux et dessins, en passant par les lithographies et les tapisseries, aux sculptures. Au commencement était la ligne qui évoluait sur une surface en dessinant des courbes et des droites. Quand les lignes courbes se croisaient, elles faisaient ressortir de la surface des formes qui semblaient déjà évoquer quelque chose de matériel ou de corporel, en tout cas qui provoquaient de premières associations chez celui qui les contemplait.

Ces formes arrondies, obtenues quasiment par improvisation, pouvaient être remplies de hachures. Mais leur effet était beaucoup plus fort quand on les remplissait de couleurs jusqu'au bord. Les formes se distinguaient alors clairement les unes des autres, elles prenaient des contours qui provoquaient alors des associations concrètes beaucoup plus prononcées.

A partir de formes rondes Erich Engelbrecht a donc créé tout un cosmos d'images. Lorsqu'en 1982 il a fait une excursion vers l'architecture et conçu une maison pour un client à Westphalie, il s'est laissé inspirer aussi bien pour le plan d'élévation que pour le plan de sol par des formes circulaires dont il tira des solutions très originales.

On peut interpréter et vivre presque toutes les compositions plastiques d'Erich Engelbrecht aussi bien de manière abstraite que concrète. Cette ouverture dans les deux directions, cette polysémie est un caractère typique de l'art d'Erich Engelbrecht, elle est certainement l'une des raisons pour lesquelles nous nous sentons attirés par ces créations.

La ligne a donc créé des formes et appelé des couleurs, elle domine toutes les compositions. Mais elle ouvre aussi un chemin vers la troisième dimension. Elle donne sa forme aux créations plastiques, elle détermine les contours des sculptures. Dans les tableaux, les dessins et les tapisseries, les lignes courent sur deux dimensions; pour les sculptures fabriquées en plaques d'acier, les lignes au stade de l'esquisse se meuvent certes à un niveau homogène, mais étant donné qu'elles sont ensuite découpées dans la plaque, elles rejoignent aussi la troisième dimension.

Dans quelques-unes des premières sculptures Erich Engelbrecht s'est encore limité à l'effet plastique qu'il obtenait grâce à des couleurs vives. Dans le jardin des Fougis plusieurs de ces œuvres sculptées rappellent

1. Henry Moore Studios & Gardens, Perry Green, Hertfordshire. (The Henry Moore Foundation archive, photo: Jonty Wilde.)
2. Skulpturenpark Kunststiftung Erich Hauser, Rottweil. (Kunststiftung Erich Hauser, photo: H. Rudolf.)
3. Lechner Skulpturenpark, Obereichstätt. (Alf Lechner Stiftung, photo: Werner Huthmacher.)

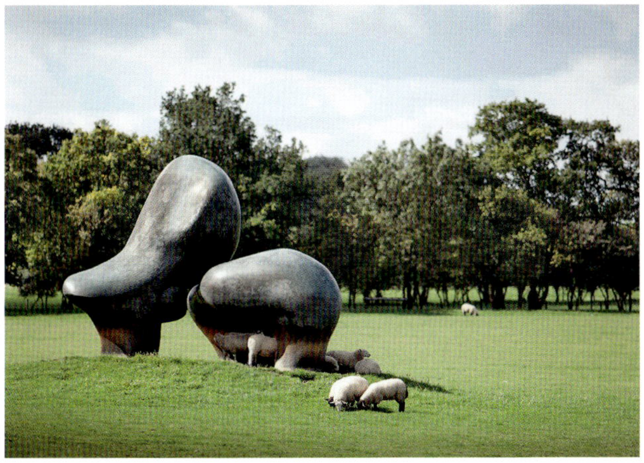

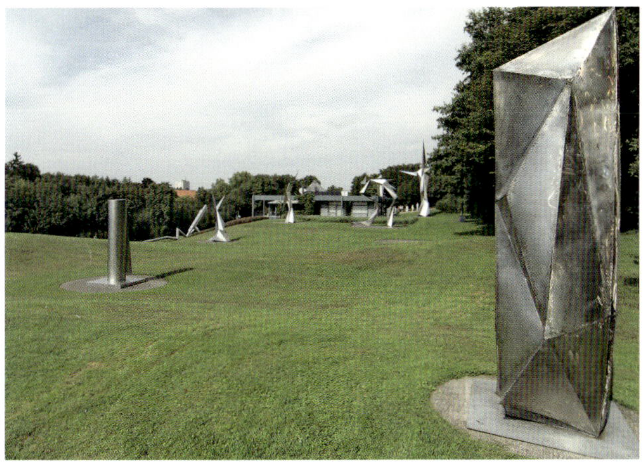

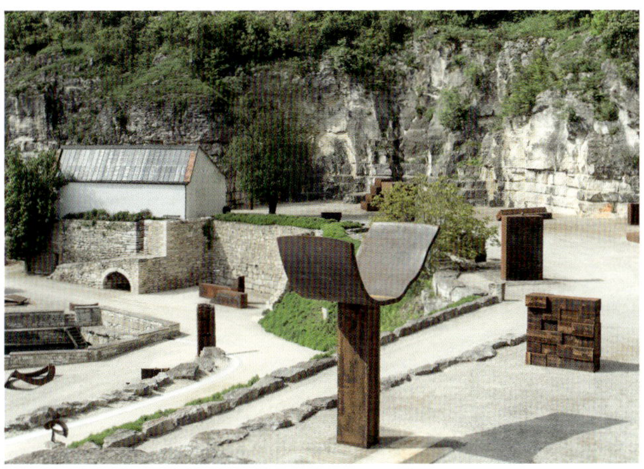

since the late eighties (few of which he had previously succeeded in displaying in the open air) so that they could show the gestural dynamics of their forms in a more surely effective way.

In their sculptural works, artists have always broken out of the workshop or studio and into open-air spaces. After all, the place where sculptures are best able to show their three-dimensional quality is in an open space not enclosed by walls and ceiling, in which all flows of power and movement can have free rein. Naturally, modernist sculptors, like others, have recognised the different effects that their artworks have in enclosed and in open spaces. They have developed forms of their own for both presentation types. However, because public spaces offer only very limited possibilities for sculpture development, special sculpture parks have been developed almost everywhere in the world.

In terms of prestige, the most significant open-air collections of sculptural works are surely the sculpture park of the Kröller-Müller Museum in Otterlo and that of the Louisiana Museum of Modern Art in Humlebæk at Copenhagen. In France, the park belonging to the Fondation Maeght in Sant-Paul-de-Vence is considered one of the most valuable open-air sculpture collections. There, however, the sculptures are exhibited according to the principles of the gallerist, collector, and foundation owner Aimé Maeght and of his wife Marguerite. The sculpture park »Ile Art« at Malans (Haute-Saône), which opened in 2013, is different in that artists can select the specific place for which they wish to create a piece of art.

In order to find places that can be compared with the park at Fougis, we must turn to those sculpture parks that have been laid out by modern sculptors to present their own artworks in the immediate vicinity of their living and working space.

The most prominent example is surely the garden created by the English sculptor Henry Moore at Perry Green in Hertfordshire on the wide, green estate surrounding his residence and studio, which features 25 large sculptures. The German sculptor Erich Hauser created a similarly comprehensive overview of his own artwork in his home town of Rottweil, in his decidedly modern studio/residence and in the 30 000 square metre park surrounding it. The stainless steel sculptures that Hauser created there, which are sharp-edged and composed of geometric forms and are in some cases as tall as a house, appear to communicate gesturally with each other across the meadows. For his artworks, Alf Lechner, Germany's other creator of large-scale steel sculptures, discovered a disused ironworks in Altmühltal in Bavaria, whose factory halls and administrative buildings appear in a visually effective way against the walls of a quarry. Lechner converted one building to serve as a home, turned the workshops into exhibition rooms, and set up a freely accessible open-air museum on the terraces of the quarry behind the complex, featuring his steel sculptures.

Erich Engelbrecht's deliberations on how the large sculptures created in Germany should be displayed in the grounds at Fougis were inspired by a historic garden plan. In 1889, the garden architect François-Marie Treyve had planned a circular path beginning at the château, which was to connect with a further circle to the south. Erich Engelbrecht included the first of these circles in his route plan, whilst borrowing his curved boundary to the site from the second circle. He used a straight path precisely on the château's central axis to link these two suggestions of circular forms. If one uses Google Earth to look at the site from a great height at the circle beginning at the château, at the straight path leading outward from it and at the two wing-like structures consisting of circle segments at each end of the site, then one discovers that the paths laid out by Erich Engelbrecht across the grounds roughly describe the form of an anchor.

One might say that art has dropped its anchor at the park of the Château des Fougis. Twelve of the figures displayed here are erected directly on this route. The remaining sculptures are either set against specific tree groups that makes them stand out in a particularly striking way, or are positioned in the open meadow land in such a way that they can be viewed comfortably from all sides.

If one casts an eye over Erich Engelbrecht's artistic œuvre as a whole, one sees a clear line of development, leading from the first paintings and drawings through his print works and gobelins to his sculptures. In the beginning was the line, drawn straight or in curves over a surface. If the curved lines crossed, they would cut forms out of the surface – forms that already appeared to evoke something material or physical, or at any rate began to trigger associations in the viewer.

These round forms produced in a quasi-improvisational way might be filled in using crosshatching. However, it was far more effective to fill them up to the edges with colour. This caused the forms to be strongly distinguished from one another; they acquired contours, provoking more definite associations with objects.

Thus, Erich Engelbrecht created a whole visual cosmos from round forms. Indeed, when, in 1982, he made a detour in the direction of architecture and designed a home for a client in Westphalia, circular forms inspired him to create highly original solutions for the floor plan and vertical layout alike.

Almost all of Erich Engelbrecht's visual compositions may be interpreted or experienced either as abstract or as representational. This openness to both directions, this ambiguity, is a typical characteristic of Erich Engelbrecht's art; in fact, it is one of the reasons why we feel drawn to his creations.

Thus, it was the line that created forms, and produced the necessity for colours. It dominates all compositions. However, it also opens the way for the third dimension. It gives the plastic structures their form, and it determines the outline of the sculptures. In paintings, drawings, and gobelins, the lines run two-dimensionally. In the sculptures created from steel plates, the lines do move on a uniform plane during the design stage, but once they are cut into the plate, they also emerge into the third dimension.

In some of his early sculptures, Erich Engelbrecht restricted himself to achieving plastic effect with strong colours. In the garden of Fougis, there are several artworks reminiscent of this early stage of his development. In *The Lying Dragon* and in the two versions of *Elvira*, the large cut-out forms are still covered with coloured shapes in the same manner as the oil paintings and gobelins, with symbols that are almost cheerful in their suggestion of human or animal forms.

The painting on the bizarrely jagged coloured large sculpture *The Pistol and the Victim* produces a three-dimensional effect: where one might expect the pis-

cette phase précoce de son évolution. Dans *Le Dragon couché* et dans les deux versions d'*Elvira* les grandes formes découpées sont encore recouvertes de couleurs vives dans le style des peintures à l'huile et des tapisseries, avec des symboles qui suggèrent de manière presque enjouée des êtres humains ou animaux.

Sur la grande sculpture polychrome bizarrement dentelée *Le Pistolet et la victime,* la peinture produit un effet tridimensionnel: là où on pourrait attendre le canon du pistolet, une pointe ressemblant à un couteau semble transpercer un objet pendant. Ce jeu illusionniste se produit aussi bien sur la face avant que sur la face arrière de la plaque rigoureusement plate. Ici donc la tridimensionnalité n'est que feinte. Seul l'élément en suspension, accroché à angle droit sous la plaque peinte, pointe résolument dans une autre direction, et donc vers la troisième dimension.

Dans la sculpture *L'Oiseau et le fils de l'oiseau* – elle est dans la cour du château – de nombreux éléments individuels colorés sont rassemblés en bouquet d'éléments métalliques. Nous percevons une sculpture qui ouvre l'espace avec jouissance et offre un nombre infini de perspectives différentes; mais avec ses éléments qui pointent chacun dans une autre direction matérielle elle interdit toute interprétation unidimensionnelle.

Devant cette sculpture aux nombreux éléments colorés, structurée comme un mobile, le titre donné par l'artiste à son œuvre, *L'Oiseau et le fils de l'oiseau* agit, non pas comme une explication claire mais comme un aperçu lyrique. Comme tous les titres d'Erich Engelbrecht il ne fait qu'une proposition d'interprétation. Mais personne ne devrait se sentir limité dans ses associations par ces titres. Celui qui ne cherche que le motif explicité par des mots passe à côté de toutes les possibilités d'expériences alternatives.

L'évolution logique qu'Erich Engelbrecht a suivie en tant qu'artiste depuis la ligne de contour sur le papier à esquisses en passant par le champ de couleur clairement délimité, qui a déjà quelque chose de corporel et suggère quelque chose de concret, jusqu'à la sculpture découpée dans laquelle la ligne de contour devient le levier efficace le plus important, culmine dans les grandes sculptures mesurant jusqu'à 12 m qui sont installées dans le parc des Fougis. Ces énormes tranches picturales ont été découpées par des ateliers spécialisés dans des plaques d'acier ayant jusqu'à 35 cm d'épaisseur. Elles ont un tel poids qu'elles n'ont pu être transportées à Fougis que par des convois exceptionnels, et n'être installées que par des entreprises de construction ayant de lourdes grues.

Avec ces monuments qui dominent le paysage, Erich Engelbrecht s'est inscrit dans l'histoire de la sculpture moderne. Sa méthode consistant à dessiner dans l'espace des images plastiques, et à animer avec ses dessins incarnés des paysages entiers est sans précédent. Les sculptures en tranches d'Erich Engelbrecht, comme les sculptures d'autres artistes modernes, peuvent être admirées de tous les côtés: mais en plus de cette vision à 360°, elles offrent aussi une face avant et une face arrière très caractérisées, donc deux perspectives en miroir qui se contredisent et confèrent chacune au motif évoqué par la sculpture une dynamique très différente.

C'est ainsi que quand on change de côté on ressent très différemment la lutte que se livrent *La Princesse et le dragon*. Quand le dragon, venant de la gauche, donne des coups de tête à la princesse postée à droite, il donne une impression d'extrême agressivité, comme un vainqueur. La dynamique que nous, Européens, ressentons quand quelque chose se déplace de gauche à droite, dans le sens de la lecture, avantage ici le dragon. Et la princesse qui recule a l'air d'avoir déjà perdu. Mais quand la princesse se tourne de la gauche vers le monstre qui la surplombe à droite, on dirait que son recul est une adroite manœuvre tactique: elle se penche en arrière pour préparer élégamment le coup qui la mènera à la victoire avec la boule qu'elle balance dans sa main.

On peut observer quelque chose de semblable dans *L'Accusatrice, Le Gesticulateur* ou *L'Invoqueur*: leurs mouvements dirigés clairement dans une direction ont une toute autre expression quand ils sont orientés dans la direction opposée. Enfin le personnage féminin, qu'on croit reconnaître dans *Voler, c'est difficile!*: d'un côté elle donne l'impression de soulever quelque chose du sol, un peu maladroitement, mais de l'autre côté elle semble arrachée dans les airs par une puissance invisible.

Une autre particularité des sculptures d'Erich Engelbrecht sont les intervalles entre les pièces massives, les vides expressifs, qui peuvent s'agencer en formes propres. Quand l'arrière-plan est uniformément clair ou foncé, l'action gestuelle qui est exprimée dans les formes massives peut être animée en contrepoint par l'action dessinée dans les formes évidées si bien que les deux mondes formels coexistent au même titre.

En tout cas dans les études en noir et blanc préalables aux sculptures, dans lesquelles le blanc désigne la partie figurative et le noir les vides, les formes vides noires qui surnagent dans le blanc figuratif peuvent même dépasser en force efficace les formes blanches censément figuratives et ouvrir un contre-monde pouvant aussi être interprété de manière concrète.

On peut facilement saisir les grandes sculptures d'Erich Engelbrecht d'un regard, mais la multiplicité des lectures qui se dégagent de leurs formes corporelles et de leurs formes vides tout aussi expressives, ne s'exprime que quand on contemple ces œuvres de tous les côtés et qu'on les examine à la lumière devant le ciel ou devant un arrière-plan neutre, foncé ou clair, si possible dans toute leur hauteur. Les formes organiques ou abstraites s'organisent en évocations de corps humains ou animaux, mais on peut aussi les vivre indépendamment de toute association comme des parties d'une composition géante ordonnées selon un rythme.

Ce jeu de reflets entre le figuratif et l'abstrait et cette polysémie qui appelle des titres librement poétiques font le charme singulier de l'œuvre plastique d'Erich Engelbrecht. Dans le parc du château des Fougis 29 œuvres qui se dévoilent et en même temps se posent en devinettes communiquent entre elles de manière si décontractée, que les visiteurs qui suivent le parcours et se laissent aller au jeu des significations sont amenés à réfléchir, sourire et savourer. On déambule à travers un jardin d'œuvres poétiques, un parc des belles énigmes et des secrets silencieux. Depuis les jardins du maniérisme, qui furent pensés par des poètes et peuplés de créatures fantastiques par des sculpteurs inspirés, il n'y a plus rien eu de comparable en Europe.

4. João J. de Abreu Vares et Gottfried Knapp. Derrière la sculpture *Le Circonspect.* Photo: Mireille Auzias-Poumet.

4. João J. de Abreu Vares and Gottfried Knapp. In the back the sculpture *The Circumspect.* Photo: Mireille Auzias-Poumet.

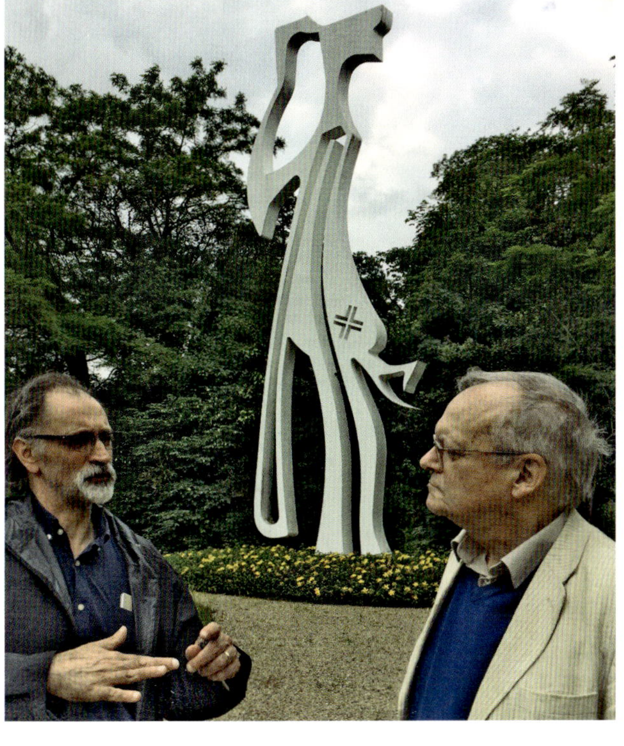

tol's muzzle to be, a point like a knife appears to bore through a hanging object. This illusionistic interplay takes place on the front and rear sides of the flat panel. Thus, three-dimensionality is merely simulated here. Only the hanging element, attached at right angles, is pointed decidedly in a different direction, and thus into the third direction.

In the sculpture *The Bird and the Son of the Bird* – which stands in the château's courtyard – numerous coloured single elements are joined together to form a bouquet of metal elements. Thus, we experience a sculpture that opens space up sensually and offers an endless number of differing views; its individual parts that, representationally speaking, point in different directions, refute any one-dimensional interpretation.

In relation to the multipart structure, layered like a mobile, the title given to the artwork by the artist – *The Bird and the Son of the Bird* – appears less a conclusive explanation than a lyrical apercu. Like all Erich Engelbrecht's titles, it merely offers a way in which the work might be interpreted. However, no one should feel their powers of association to be restricted by this title. Anyone who only searches for the motif mentioned in the title is missing out on all the alternative possible experiences.

The logical path of development trodden by Erich Engelbrecht as an artist – his path from the outline on the drafting paper to the clearly delineated colour surface that already has some resemblance to a solid body and suggests something representational, to the cut-out sculpture, in which the outline became the most significant effective element, culminated in the large sculptures, up to 12 m high, that are displayed in the park at Fougis. These mighty image panels are created in special workshops from steel plates up to 35 cm thick. These are so heavy that they had to be brought to Fougis in specialised transporters in registered special freight journeys, and could only be erected by construction firms using heavy cranes.

These monuments that dominate the landscape have given Erich Engelbrecht a place in the history of modern sculpture. His method of drawing images plastically in the space, and of using these drawings transformed into solid bodies to occupy whole landscapes, is unparalleled. Like sculptures by other modern artists, Erich Engelbrecht's panel sculptures can be viewed from all sides. Aside from this aspect of being capable of being viewed in the round, however, they do possess distinct front and rear views: two contradictory mirror images that, in each case, give the motif indicated in the sculpture a very different dynamic.

For instance, one experiences the battle waged by *The Princess and the Dragon* very differently if one switches sides. When the dragon is seen coming from the left and jabbing at the princess positioned on the right, he appears extremely aggressive, and, indeed, like the victor. The dynamic that is conveyed to us as Europeans when something moves in the »reading« direction, from left to right, entirely favours the dragon. The princess, on the other hand, is shrinking away, as though she had already lost. If the princess stands on the left to face the monster towering on the right, however, her movement of withdrawal looks like a tactically adroit manoeuvre: She is leaning back so that she might elegantly strike the victory blow with the sphere that she holds in her hand.

The same observation might be made of *The Accuser*, *The Gesticulator*, or *The Invoker*: their movements that are plainly directed in a single direction acquire a very different character when they are directed to the opposite side. Finally, there is the female figure that we seem to see in *Flying is difficult!*: From one side, she looks as though she is awkwardly raising something from the ground, but from the other side she looks as though she is being snatched into the air by an invisible force.

Another feature peculiar to Erich Engelbrecht's image-sculptures is the existence of interstitial spaces between the massive single parts: those expressive empty spaces that may come together to create forms of their own. If the background is uniformly light or dark, then the gestural events expressed within the massive forms by the events described in the void forms can be given a contrapuntal life that causes both form worlds to be of equal standing.

In the black-and-white preliminary drawings for the sculptures, in any case, in which white corresponds with the figural parts and black stands for the empty spaces, the black hollow forms swimming in the representational white can actually dominate the figurally intended white forms, creating a contrasting world, which, in its own way, is also representational.

Erich Engelbrecht's large sculptures can be readily taken in at a glance, but the diversity of what can be read from its solid body forms and from the no less expressive hollow forms only becomes apparent when one views the artwork from all sides, ideally with their full height against the skies or illuminated in front of a neutral dark or light background. Organic and abstract forms come together as suggestions of human or animal bodies; however, they can also be experienced as rhythmically arranged parts of an abstract greater composition, quite free of associations.

This enigma balanced between representationality and the abstract, this multiplicity of meaning, which invites freely poetic titles, is essential to the unique charm of Erich Engelbrecht's visual work. In the park of the Château des Fougis, 29 of these artworks, at once plainly revealing and mystifying, communicate with each other in such a relaxed way that visitors who tour the route and engage with this play of meaning are prompted to think, to smile, and to enjoy. One strolls through a garden of poetic artworks, through a park of beautiful riddles and silent secrets. There has been nothing comparable to this in Europe since the Mannerist gardens, conceived by poets and equipped with creatures of the imagination by inspired sculptors.

João J. de Abreu Vares

Le château des Fougis et le parc de sculptures

En août 2000 Erich Engelbrecht a fait un court séjour avec sa femme Waltraud à Coulandon, une bourgade située à l'ouest de Moulins-sur-Allier, dans le département de l'Allier. L'endroit où ils logeaient avait été découvert par hasard 20 ans plus tôt par Mme Engelbrecht. Le couple se trouvait sur le chemin du retour de France en Allemagne, c'était le deuxième voyage en France à la recherche d'un lieu approprié pour le parc de sculptures, et ce voyage semblait se terminer sur un échec. Erich Engelbrecht avait consulté internet avant son voyage et envisagé des domaines possibles, mais sur place ils s'avérèrent inappropriés. L'hôtelier de Coulandon – un Suisse du nom de Schweizer parlant allemand – discuta avec le couple Engelbrecht et lui dit que son ami agent immobilier avait en ce moment deux propriétés à proposer, l'une à la frontière nord du département de l'Allier et une deuxième au sud-est de Moulins. Une rencontre fut organisée le lendemain au petit déjeuner, suivie de la visite des deux propriétés. La première était une très belle maison imposante du 18e siècle. Le terrain situé à la frontière nord du département de l'Allier s'étend sur environ 1000 ha de forêt, et est utilisé comme parc animalier. Trop de forêt et trop d'animaux pour Erich Engelbrecht, qui voulait installer un parc de sculptures. Lorsque l'après-midi le couple Engelbrecht visita la deuxième propriété avec l'agent immobilier, ce fut le coup de foudre: inséré dans un paysage charmant, légèrement vallonné, marqué par l'exploitation ancestrale des forêts et pâturages, l'ancien pavillon de chasse n'apparaît pas trop grand et exhale la sérénité. Contrairement à beaucoup d'autres bâtiments historiques en France, il ne semble pas sombre et menaçant, et il a peu à voir de la démonstration de puissance qui peut être perçue dans bien d'autres cas.

»La tradition voulait que les Fougis fussent, au 15e siècle, un rendez-vous de chasse des Bourbon.« (Germain 2004.)

»La région de Thionne avec ses bois, ses bruyères, ses doux vallonnements semble avoir été vers le XVe siècle un terrain de chasse très apprécié des ducs qui régnaient alors sur le Bourbonnais. Selon la mémoire populaire, à cette époque, sur ce territoire giboyeux, on éleva un rendez-vous de chasse pour les ducs de Bourbon. Ce fut le premier château des Fougis dont on ne trouve plus trace aujourd'hui. La seigneurie des Fougis apparaît pour la première fois en 1410 dans un acte de dénombrement de fiefs fourni à Guichard II Dauphin de Jaligny … . Dans un autre acte daté de 1495, on peut lire que le duc de Bourbon Pierre II …, règle ses comptes avec Hugues Le Long chevalier, seigneur des Fougis, grand prévôt de la vénerie du duc. Hugues fréquente assidûment la cour de Moulins rayonnante à cette époque. Selon les auteurs du livre *Les fiefs du Bourbonnais* paru en 1896, le premier seigneur des Fougis connu fut en 1461 Hugonin Le Long, écuyer.« (Desforges 2017.)

Les derniers habitants de la famille Le Long aux Fougis furent les frères Hilaire et François Le Long (tous deux sans descendants); leur mère Françoise de Coubladoux tisse la première alliance familiale entre les Fougis et le château des Gouttes situé à proximité. Après la mort de son premier mari, Gaspard Le Long, le seigneur des Fougis, elle épousa François de Charry, le seigneur des Gouttes.

A la mort du dernier Le Long en 1727 et »… en l'absence d'héritiers directs, la propriété des Fougis échut à Eustache de Berthier de Bizy, parent collatéral descendant de Louise Le Long. Ainsi se termina aux Fougis, le règne de la famille Le Long, et commença celui des Berthier de Bizy. … Pendant la Révolution, Étienne de Berthier de Bizy et son fils sont arrêtés en 1793 sous la Convention, en tant que suspects et incarcérés à la prison Saint-Lazare à Paris.« (Desforges 2017.)

Rose de Bizy, épouse d'Étienne, comte de Bizy s'engage de manière très active pour leur défense et y parvient grâce à la présentation de plusieurs lettres prouvant leur relation amicale et l'échange d'idées avec le philosophe Jean-Jacques Rousseau. Le procès est ajourné et entretemps a lieu la chute de Robespierre (27.7.1794). Ils sont libérés quelques jours plus tard. Les comtes Berthier de Bizy décident de vendre les Fougis, et le 18.3.1795 le domaine va à Anselme Crignon Douzouer. Deux ans plus tard il est revendu à François de Minville. En 1801 (11.12.1801) les Fougis furent acquis par Antoine Clayeux, membre d'une famille établie dans les environs, qui vivait à Thionne depuis le 16e siècle, où deux domaines portaient déjà son nom: »Les petits Clayeux« et »Les grands Clayeux«, tous deux proches voisins des Fougis. En 1818 son fils Jean-Marie Clayeux achète le château des Gouttes, et c'est ainsi que naît pour la deuxième fois un lien familial entre ces deux châteaux. Le château des Gouttes, plus grand et plus ancien que les Fougis devient la résidence de la famille Clayeux. D'après la tradition familiale les Fougis ne servaient que de siège administratif pour le régisseur, l'administrateur des terres de la famille.

»Bien que reconstruit à la fin du XVe siècle (un portail de style classique est daté de 1593), les Fougis sont encore percés de meurtrières plus décoratives qu'efficaces. Et N. de Nicolay en parle, en 1569, comme d'un ›chasteau fort, terre et seigneurie …‹. Le château présente un corps de logis principal de plan rectangulaire, flanqué de deux tours carrés aux angles sud-ouest et nord-est, et d'une tour ronde au sud-est. Une aile en retour d'équerre vers le nord est terminée à l'angle oriental par une autre tour carrée. Les murs sont faits de briques rouges et brunes appareillés de motifs losangés, alors que l'encadrement des ouvertures est en calcaire blanc.« (Germain 2004.)

A la fin du 19e siècle Geneviève Clayeux, qui épouse son cousin au 2e degré Alfred Clayeux, hérite les Fougis. Ils installent leur résidence au château des Fougis. En 1889 Alfred Clayeux fit réaliser le plan général d'un jardin d'agrément, le »Parc des Fougis« par un »Inspecteur des Parcs et Jardins« de Vichy, très connu à l'époque, François-Marie Treyve, qui avait fait les plans de plusieurs jardins d'agrément du Bourbonnais. Ce plan ne fut réalisé qu'en partie, la partie la plus importante resta à l'état de pâturage. Le secteur réservé aujourd'hui à l'exposition avait donc jadis déjà été envisagé comme parc, un fait historique dont Erich Engelbrecht connaissait l'existence en mettant en pratique l'idée d'un parc de sculptures et qui a évidemment influencé sa conception. Cependant, l'investissement principal eut lieu dans le château et ses dépendances, les travaux de transformation durèrent plusieurs années (1898–1903).

La façade historique qui donnait sur la cour intérieure du château fut entièrement remodelée, l'ancien mur percé, et remplacé par de grands cintres de pierre. L'aile nord qui servait auparavant d'entrepôt fut élargie et

João J. de Abreu Vares

The Château des Fougis and the sculpture park

In August 2000, Erich Engelbrecht and his wife Waltraud stayed for a short time in Coulandon, a locality to the west of Moulins-sur-Allier, in the Allier department. The place where they stayed had been accidentally discovered by Frau Engelbrecht 20 years before. The couple was making the return journey from France to Germany. It was the second time they had travelled to France to look for a suitable place for the sculpture park, and their search seemed to have ended without success. The apparently suitable properties that Erich Engelbrecht had viewed on the Internet prior to their journey proved unsuitable when viewed in person. The hotelier in Coulandon – a German-speaking Swiss named Schweizer – happened to get talking with the Engelbrechts: he had a friend who was an estate agent and had two properties for sale, one on the Allier department's north boundary and a second one south-east of Moulins. A breakfast meeting was organized for the next day, together with a viewing of the two properties. The first was a very beautiful, impressive 18th-century house. The site on the Allier department's north boundary extends across approximately 1000 ha of forest, which was used as an animal park. There was too much forest and there were too many animals for Erich Engelbrecht's plan to set up a sculpture park. In the afternoon, when the Engelbrechts went with the estate agent to view the second property, it was »love at first sight«: nestled in a slightly hilly, charming landscape bearing the marks of the original forest and meadow land husbandry system, the former hunting lodge did not look too big, and had a cheerful aura. In contrast to many other historical buildings in France, it did not look dark and threatening, and it showed little of the usually so ostentatious display of power.

»According to tradition, les Fougis is supposed to have been a hunting preserve for the Bourbons in the 15th century.« (Germain 2004.)

»The region of Thionne with its woods, its heathlands and its gently rolling hills seems to have been a very popular hunting ground for the dukes who reigned over the Bourbonnais around the 15th century. According to popular memory, at that time, on this game territory, a hunting lodge was built for the Dukes of Bourbon. It was the first ›château de Fougis‹ which one does not find trace any more today. The lordship of the Fougis appeared for the first time in 1410 in an act of enumeration of fiefs provided to Guichard II Dauphin, Lord of Jaligny … . In another deed dated 1495, we can read that the Duke of Bourbon Peter II …, settles his accounts with Knight Hugues Le Long, the Lord of Fougis and the duke's hunt marshal. Hugues frequented assiduously the court of Moulins, radiant at that time. According to the authors of the book *Les fiefs du Bourbonnais* published in 1896, the first known Lord of the Fougis was in 1461 Squire Hugonin Le Long.« (Desforges 2017.)

The last members of the Le Long family to inhabit les Fougis were the brothers Hilaire and François Le Long (both childless); their mother, Françoise de Coubladoux, was responsible for the first family connection between les Fougis and the nearby Château des Gouttes. Following the death of her first husband Gaspard Le Long, the Lord of les Fougis, she married François de Charry, the Lord of les Gouttes.

At the death of the last Le Long in 1727 and, »… in the absence of direct heirs, the property of les Fougis was bequeathed to Eustache de Berthier de Bizy, collateral relative descendant of Louise Le Long. Thus ended at les Fougis, the reign of the Le Long family, and began that of the Berthier de Bizy. … During the Revolution, Étienne de Berthier de Bizy and his son were arrested as suspects in 1793 under the Convention, and incarcerated in Saint-Lazare prison in Paris.« (Desforges 2017.)

Rose de Bizy, wife of the Count of Bizy, was extremely active in the defence of his husband and son and produced a number of letters to attest to his being on friendly terms and exchanging ideas with the philosopher Jean Jacques Rousseau. The case was adjourned, and, in the intervening time, the fall of Robespierre took place (27.7.1794). They were freed just a few days later. The Counts Berthier de Bizy decided to sell les Fougis, and, on the 18.3.1795, it came into the possession of Anselme Crignon Douzouer. Two years later, it was sold on to François de Minville. In 1801 (11.12.1801), les Fougis was acquired by Antoine Clayeux, a member of a family who had lived locally in Thionne since the 16th century, where two estates – »Les petits Clayeux« and »Les grands Clayeux«, both located in close proximity to les Fougis – bore their names. In the year 1818, his son Jean-Marie Clayeux bought the Château des Gouttes, thus creating a family connection between the two residences for the second time. Château des Gouttes, an older and larger residence than les Fougis, became the seat of the Clayeux family. According to family tradition, les Fougis served only as an administrative centre for the »director«, the administrator of the family estates.

»Although the residence was rebuilt following a fire in the late XVIth century – a door portal in the classical style is dated to 1593 – les Fougis was given a number of embrasures, now decorative rather than effective. In 1569, Nicolas de Nicolays mentions ›un chasteau fort, terre et seigneurie …‹ The residence consists of a rectangular main tract, flanked at the south-west and north-east corner by two square towers and a round tower to the south-east. A north wing that adjoins at right angles is supplemented by an additional square tower at the east corner. The walls consist of red and dark-fired brick, layered in a diamond pattern. The window and door openings are framed with white limestone.« (Germain 2004.)

In the late 19th century, les Fougis was inherited by Geneviève Clayeux, who married Alfred Clayeux, her cousin twice removed. They shifted their residence to the Château des Fougis. In 1889, Alfred Clayeux had a general plan drafted for a garden complex, a »Parc des Fougis« by a very well-known »Inspecteur des Parcs et Jardins« of Vichy at the time, François-Marie Treyve, who had designed the parks of several châteaux in Bourbonnais. These plans were only partially implemented, with the remaining land left as untouched meadow. Today's exhibition area was thus already considered as a park. Erich Engelbrecht did become aware of this historical circumstance during the implementation of the idea for a sculpture park, and this fact has obviously influenced his design. However, the main investment took place in the château and in the secondary buildings, whilst the conversion work lasted for several years (1898–1903).

The historical façade of the château's inner courtyard was entirely redesigned, and the old walls were broken up and replaced with large stone arches. Previously

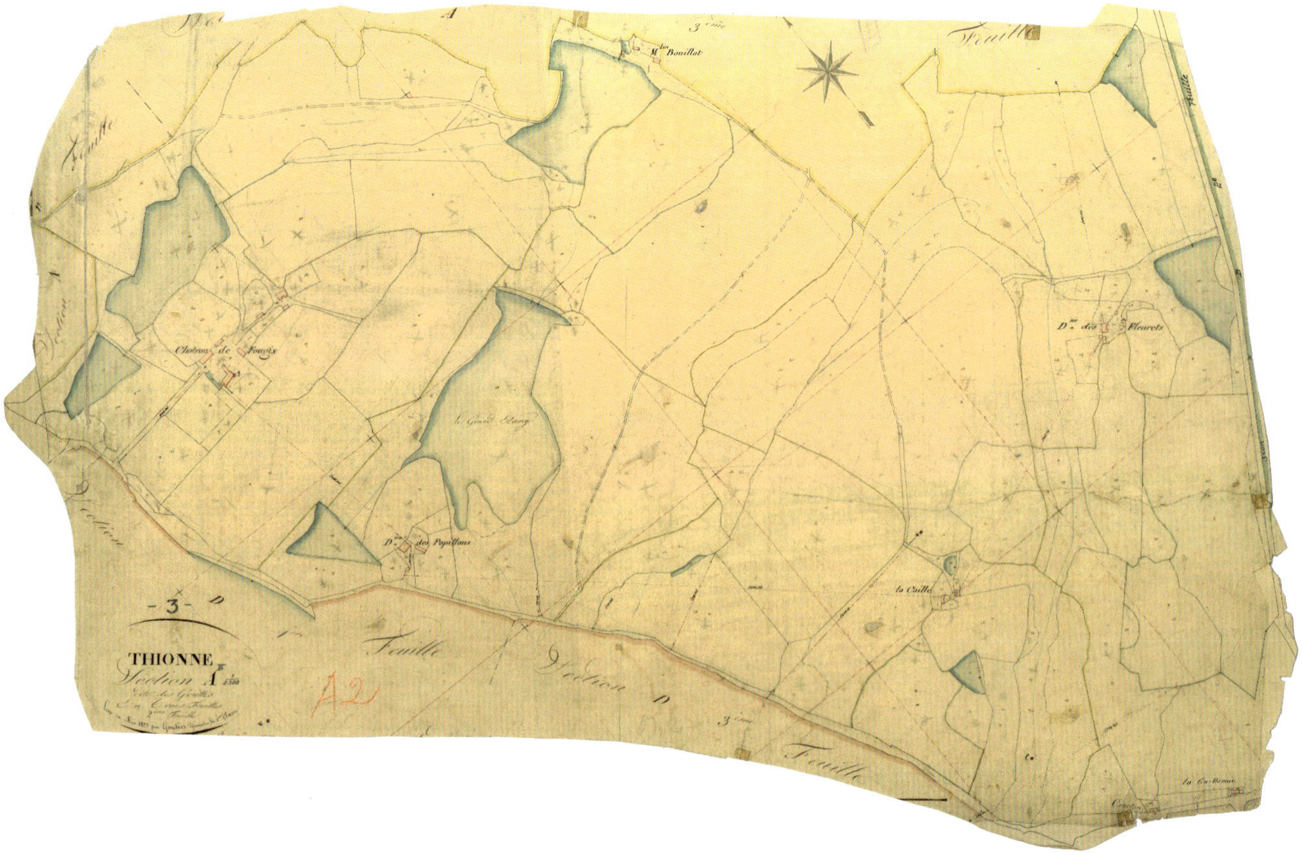

agrandie d'une zone d'habitation complémentaire au premier étage. La zone d'habitation des employés se trouvait au-dessus, sous le toit. La cuisine du château fut installée au rez-de-chaussée de cette aile. La zone d'habitation principale resta l'aile sud avec ses vastes pièces, salons et galeries. Les salons du rez-de-chaussée de l'aile sud furent transformés par de grandes cheminées dans le style du château de Chambord et la zone du couloir qui se trouvait devant, baignée de lumière, délimitée par une galerie de fenêtres aménagée en plusieurs arches aux cadres métalliques.

D'anciennes fenêtres de la façade initiale donnant sur la cour du château furent réutilisées sur d'autres façades. Finalement le monument eut le caractère d'un château Renaissance qui correspondait tout à fait au goût des maîtres d'ouvrage de l'époque.

On sait que vers 1870 Edmond et René Clayeux, grand-père et père de Geneviève Clayeux ont chargé l'architecte Jean Moreau, de Moulins, de transformations et de travaux complémentaires à effectuer sur l'autre château, le château des Gouttes. Le père (Jean) et le fils (René) Moreau furent du milieu du 19e au début du 20e siècle les architectes de nombreux monuments publics ainsi que d'autres châteaux du Bourbonnais. Il n'existe malheureusement pas d'indications sur le maitre d'œuvre aux Fougis, mais on peut supposer, en se fondant sur les bons rapports familiaux entre les membres de la famille, qu'aussi bien René Clayeux que l'architecte Moreau ont épaulé et conseillé le couple Alfred et Geneviève Clayeux. Nelly Faure, historienne de l'art à l'Université Blaise Pascal de Clermont-Ferrand évoque une mission confiée par Clayeux à René Moreau dans les années 1912 à 1914 concernant des travaux à effectuer sur une aile du château, et l'ajout d'une »loggia« aux Fougis.

Une chapelle à l'orée de la forêt des Fougis est mentionnée à la fin du 16e siècle, qui fut probablement érigée en même temps que la reconstruction du château suite à sa destruction partielle par un incendie en 1593. Sur les cartes de Cassini, qui ont été dessinées au 18e siècle, la chapelle apparaît sous le nom de Saint-Roch.

Avec les années et particulièrement par le changement d'utilisation de la terre, l'orée de la forêt est repoussée et au cadastre de Napoléon de 1833 la chapelle à l'entrée de la ferme »les Papillons« (qui fait partie des Fougis) n'est plus mentionnée en tant que telle.

Cette chapelle fut probablement abandonnée au début du 20e siècle, et d'après les indications de Guy Kokoreff on retrouva plus tard son autel et son retable dans un oratoire privé, que Geneviève Clayeux avait demandé après la mort de son mari en 1906, et qu'elle avait ouvert aux Fougis en 1908. Cette chapelle se trouvait dans la pièce qui fut plus tard la chambre à coucher d'Erich Engelbrecht. Le lit du couple Erich et Waltraud se trouve aujourd'hui encore à la place de l'ancien autel, et à la place de l'ancien retable un grand gobelin est accroché: *Le Butin* (aussi connue comme les *Berserks dansants*). On trouve dans le château des symboles de souveraineté ou des insignes des anciens propriétaires d'avant la Révolution française, mais malheureusement ils furent tous tellement abîmés qu'ils sont illisibles – probablement à cause du vandalisme pendant la Révolution.

On trouve des armoiries sur un portail de pierre conduisant à l'escalier principal, et au-dessus d'une cheminée à l'étage supérieur de l'aile sud du château.

La devise »A Dieu croire, prier et faire«, qu'on pouvait paraît-il lire encore à la fin du 19e siècle au-dessus du portail d'entrée, n'est plus reconnaissable aujourd'hui. Lors des transformations opérées au début du 20e siècle, ce portail fut démonté.

On trouve de nouvelles armoiries sur les cheminées imposantes du salon principal ainsi que de la salle à manger de l'époque, qui furent construites au temps d'Alfred et Geneviève Clayeux. Le salon principal montre un blason parti portant les armoiries des Le Long et des Bigny, copie du blason, qui ornait l'ancienne chapelle

1. Gontier, plan cadastral des environs de Thionne, 1833. Archives départementales de l'Allier-Moulins.
2. Vue du château des Fougis du sud-est, vers 1910. Carte postale.

1. Gontier, cadastre plan of the surroundings of Thionne, 1833. Archives départementales de l'Allier-Moulins.
2. View of the Château des Fougis from the south-east, circa 1910. Postcard.

used for storage, the north wing was extended and given an additional living area on the first floor. The servants' living quarters were located above it, beneath the roof. The kitchen was erected in the ground story of this wing. The south wing, with its expansive rooms, salons, and galleries, remained the main residential wing. The salons on the ground floor of the south wing were redesigned in the style of the Château de Chambord to feature large fireplaces, and the light-filled hallway area in front of them was demarcated by an iron-framed window gallery with several arches.

Old windows from the former château courtyard façade were placed in other façades. Finally, the building was given the character of a Renaissance château, in line with the tastes of the building's owner of the time.

We know that in 1870 Edmond and René Clayeux, the grandfather and father of Geneviève Clayeux, commissioned the architect Jean Moreau from Moulins to carry out conversion and extension work on the other residence, the Château des Gouttes. From the mid-19th to early 20th century, father (Jean) and son (René) Moreau were the architects of many public buildings and other châteaux in Bourbonnais. Unfortunately, we have no information on the person who directed the building work at les Fougis, but given the good family relations between family members, we can assume that both René Clayeux and the architect Moreau provided advice to Alfred and Geneviève Clayeux. Nelly Faure, an art historian from the Blaise Pascal University in Clermont-Ferrand, mentions Clayeux commissioning René Moreau in the years 1912 to 1914 to carry out work on one wing of the château and to create a »loggia« at les Fougis.

A chapel on the edge of the les Fougis forest is mentioned at the late 16th century; presumably, it was built during the rebuilding of the château after its partial destruction by fire in the year 1593. In the Cassini maps, which were drawn in the 18th century, this chapel appears under the name Saint-Roch.

The forest's edge has moved with the years – and, in particular, with the changes in land use – in Napoleon's land register from the year 1833, the chapel on the approach way of the les Pappilons farm (which belongs to les Fougis) is no longer designated as such.

This chapel was probably abandoned in the early 20th century. According to Guy Kokoreff, its altar and altarpiece were later housed in a private oratory commissioned by Geneviève Clayeux following the death of her husband in 1906, and opened in 1908 in les Fougis. This chapel was located in the room that later became Erich Engelbrecht's bedroom. Erich and Waltraud's marriage bed still stands in the place of the former altar today, and a large gobelin tapestry now hangs in the place of the former altar icon: *The Booty* (a.k.a. the *Dancing Berserker*). Signs and symbols of sovereignty of the owners from the time before the French Revolution can be found within the château, but unfortunately they are all so damaged as to be unreadable – probably the result of vandalism during the French Revolution.

Coats-of-arms are located on a stone portal leading onto the main staircase and above a fireplace in the upper storey of the château's south wing.

The saying »A Dieu croire, prier et faire«, which is supposed to have still been legible above the entrance portal in the late 19th century, can no longer be made out today. This portal was demolished during the conversion in the early 20th century.

There are new coats of arms on the imposing fireplaces in the main salon and in the former dining room, created during the era of Alfred and Geneviève Clayeux. The main salon shows a divided shield with the coats of arms of Le Long and Bigny, a replica of the old coat of arms displayed on the former Saint-Roch chapel. In his *Armorial du Bourbonnais*, Georges de Soultrait notes

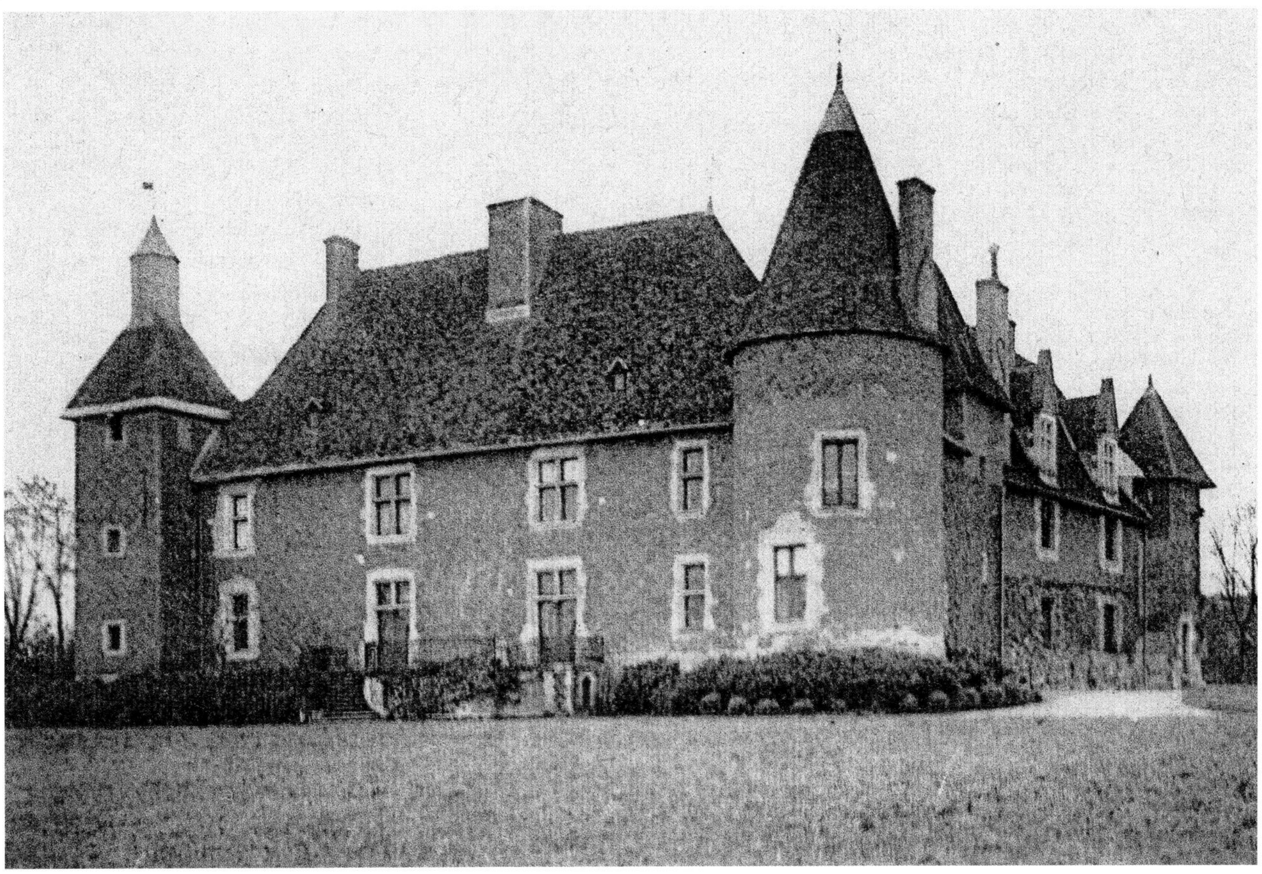

Saint-Roch. Georges de Soultrait mentionne cette armoirie singulière dans son *Armorial du Bourbonnais* et dans la 2e édition de 1890 la relation entre les deux familles est évoquée. A la salle à manger Monsieur Clayeux fit apposer comme armoirie sur l'imposante cheminée le »bouton« (sceau) de »l'équipage des Gouttes«, qui permettait de reconnaître son équipage lors de la chasse à courre. A cette époque son père René Clayeux était grand veneur.

Lorsqu'en 2001 Erich Engelbrecht acquit les Fougis, l'ancien domaine avait déjà été partagé entre les nombreux héritiers, dont certains sont aujourd'hui encore des voisins.

Le souhait d'Erich Engelbrecht de laisser un parc de sculptures à la postérité lui vint lors d'un séjour à l'hôpital de Hambourg en 1997. L'idée qu'après son décès son œuvre ne puisse pas être accessible – à l'exception de quelques œuvres dans des lieux publics – à un large public mais resterait fermée dans des monuments ou collections privées ou dans son atelier le tourmentait.

En plus de son activité artistique il avait quelques années auparavant repris une activité de conseil et voyait que les conditions économiques étaient données pour oser l'investissement dans un parc de sculptures. C'est ainsi qu'il commença sa recherche d'un lieu approprié, tout d'abord en Allemagne, mais plus tard aussi en France, où il finit par trouver en 2000.

Dans le code de l'urbanisme français (*Code de l'urbanisme*, article R421-1) l'installation d'œuvres d'art jusqu'à 12 m de haut et 40 m^3 de volume n'était soumise ni à autorisation ni à déclaration. Lorsqu'Erich Engelbrecht l'apprit, il fut vraiment enthousiaste, et après ses déboires en Allemagne, la décision d'installer son parc d'art en France ne fut pas difficile à prendre.

Le Code de l'urbanisme fut modifié en 2007 mais cela n'eut pas d'incidence sur l'installation d'autres sculptures. D'après l'article modifié R421-1et le nouveau R421-2 la hauteur autorisée reste de 12 m. A la place des 40 m^3 de volume, c'est aujourd'hui la surface au sol qui est limitée à 2 m^2. Erich Engelbrecht put installer quatre autres sculptures dans le parc des Fougis sans limitation administrative.

Toutes les œuvres exposées au Parc des Fougis sont composées de plaques d'acier massif d'épaisseurs différentes (5,5 cm à 35 cm). Les sculptures ont été fabriquées en Allemagne sur la base des dessins spécifiés de l'artiste par la firme von Schaewen à Essen, la firme Jebens (Dillinger Hütte) près de Stuttgart ainsi que la firme Wilhelm Deppe jun. à Bielefeld. En tant que pièces détachées, elles ont été expédiés avec des transporteurs lourds au Fougis, où eut lieu le montage final et l'installation définitive. Après de bonnes expériences avec les partenaires français qui avaient contribué à l'installation des premières sculptures, Erich Engelbrecht décida de continuer à travailler avec eux lors de l'installation des autres sculptures, une décision qui s'avéra très sage au cours des années.

Les soudeurs et les peintres venaient d'Allemagne, parmi eux le même peintre qui avait déjà été désigné en 1999 par la ville de Bielefeld pour restaurer la sculpture *L'Oiseau et le fils de l'oiseau* de 1972. C'est ainsi que naquit une équipe efficace, qui a contribué entre 2002 et 2010/11 avec ses connaissances et compétences à la naissance du parc de sculptures.

Les plaques d'acier plus fines des sculptures *L'Oiseau et le fils de l'oiseau* et *Le Pistolet et la victime* ont été créés d'après le modèle de sculptures plus anciennes en bois, d'où la moindre épaisseur des plaques (5,5 cm). En raison de leur forme particulière, ces deux sculptures sont les seules qu'il a fallu visser au sol. Toutes les autres sculptures sont simplement posées sur des blocs d'acier inoxydable, eux-mêmes fixés sur un socle de béton enfoui dans le sol. Pour assurer la nécessaire stabilité des sculptures d'acier, en particulier à cause de l'accès au parc ouvert au public, Erich Engelbrecht a travaillé avec les ingénieurs-conseils Gauger & Partner de Filderstadt près de Stuttgart. C'est là-bas que furent planifiées et soigneusement calculées les bases de toutes les sculptures. La largeur des plaques au sol en

3. Vue du château des Fougis et son parc du sud-ouest, 1940/50. Carte postale.
4. Vue du château des Fougis du nord-ouest, 1940/50. Carte postale.

3. View of the Château des Fougis and its park from the south-west, 1940/50. Postcard.
4. View of the Château des Fougis from the north-west, 1940/50. Postcard.

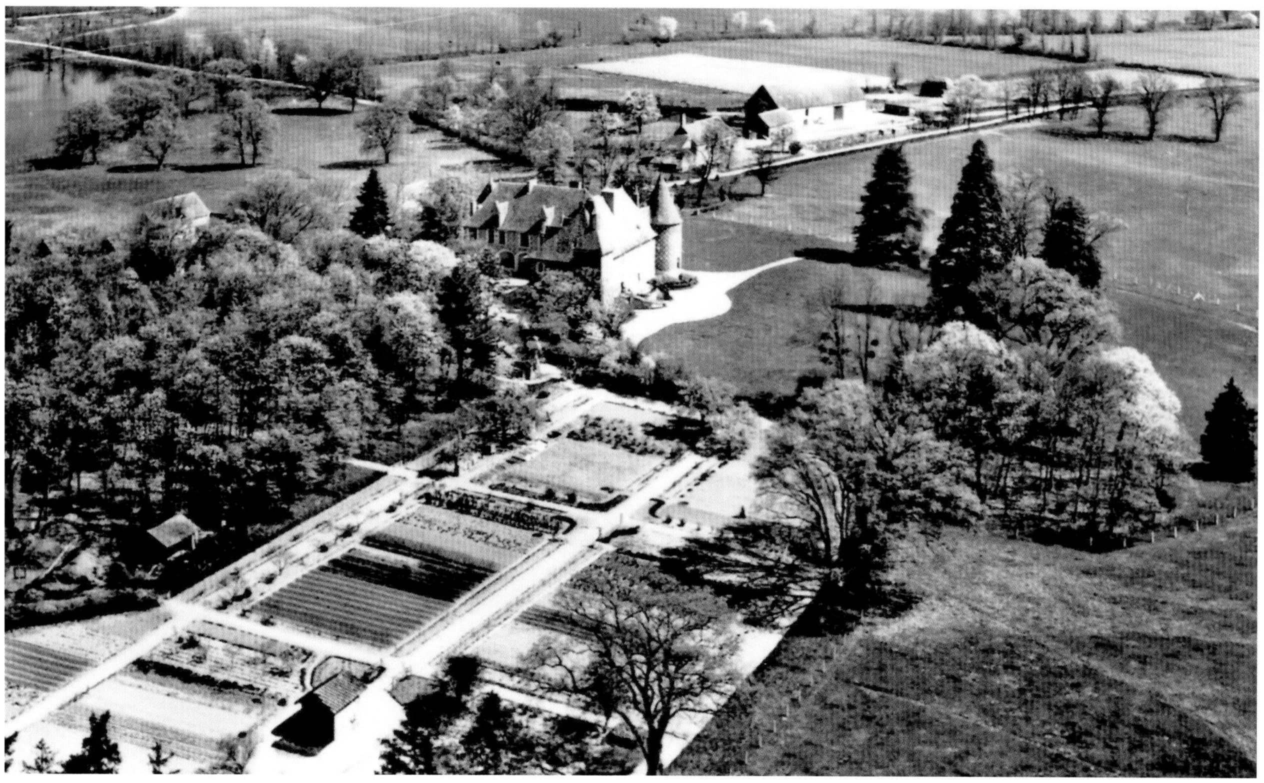

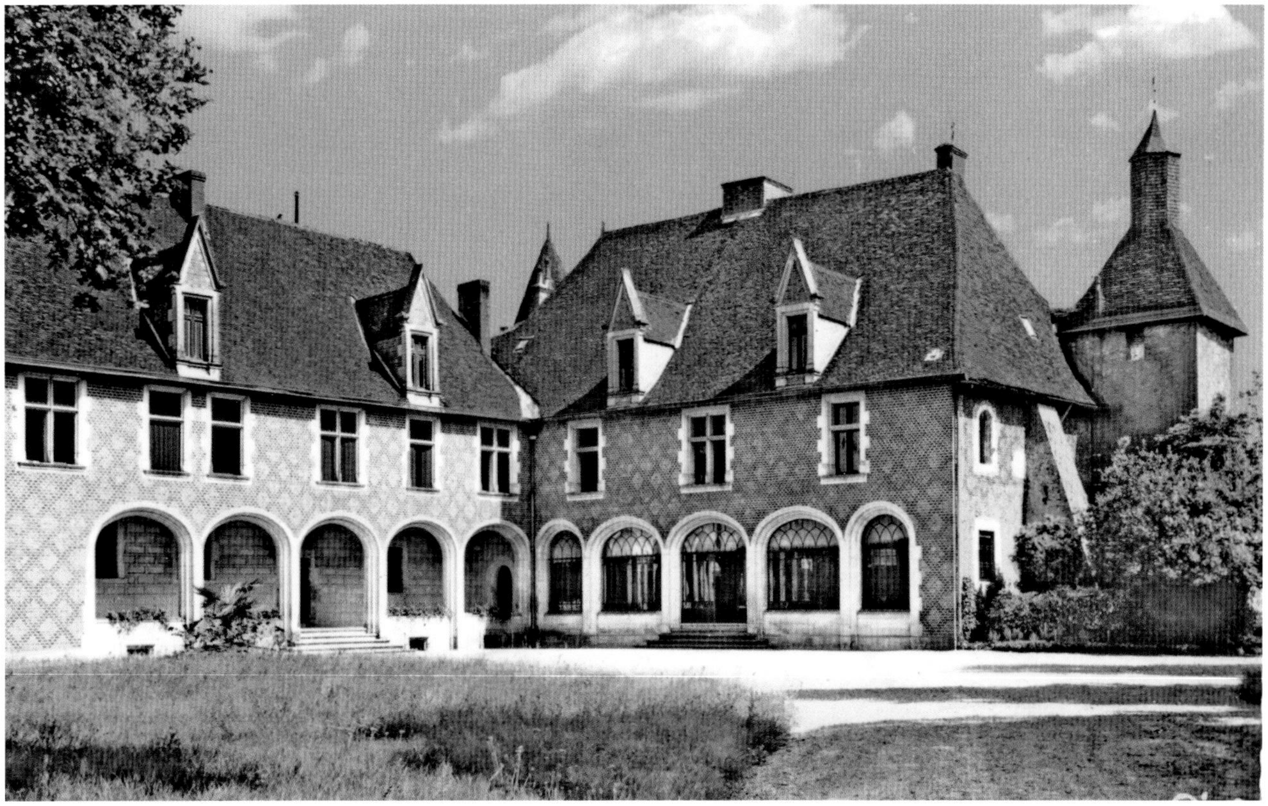

this individual coat of arms, and, in the second edition from the year 1890, the connection between the two families is mentioned. In the dining room, Clayeux had the »button« [seal] of the »Equipage des Gouttes«, which had been the insignia of his hunting troop when hunting with hounds since 1830, placed on the imposing fireplace as a coat of arms. At the time, his father René Clayeux was master of the hunt.

In 2001, when Erich Engelbrecht acquired les Fougis, the old estate had already been divided up between the many heirs, some of whom are still present as neighbours today.

Erich Engelbrecht got the wish to leave a sculpture park to posterity during a stay in a Hamburg hospital in 1997. He was oppressed by the thought that his work would not be accessible to the wider public after his death, but, with the exception of a number of artworks in public spaces, would remain locked up in buildings, private collections, or his own studio.

A number of years previously, in addition to his artistic activities, he had taken up an advisory job, and he could see that the economic circumstances were right to risk investing in a sculpture park. He therefore set out to look for a suitable place – at first in Germany, as has been stated, and then in France, where he ultimately found his site in 2000.

Under French planning law (*Code de l'urbanisme*, article R421-1), no requirement existed to register or obtain permission for artworks less than 12 m in height and 40 m^3 in volume. Erich Engelbrecht was fired with enthusiasm when he heard this, and, in the light of bad experiences in Germany, siting the art park in France was an easy decision.

The *Code de l'urbanisme* was changed in 2007, but this had no effect upon the setting-up of further sculptures. Under the altered R421-1 and the entirely new R421-2, the permitted height remained at 12 m. Instead of a volume of 40 m^3, ground space was now restricted to 2 m^2. Erich Engelbrecht was able to erect four further sculptures in the park at les Fougis, free of restrictions from authorities.

All of the artworks exhibited in the park at les Fougis consist of massive steel plates of various thicknesses (5.5 cm to 35 cm). The sculptures were produced in Germany by the von Schaewen firm in Essen, the firm Jebens (Dillinger Hütte) near Stuttgart, and the firm Wilhelm Deppe jun. in Bielefeld based on specified designs by the artist. Still as single parts, they were shipped to les Fougis by means of heavy-goods transport, where the final assembly and erecting of the sculptures took place. Based on good experiences of working with French partners who were involved in the setting up of the first sculptures, Erich Engelbrecht decided to continue working with them on the setting-up of further sculptures. In the years since, this has turned out to be a very wise decision.

The welders and painters came from Germany, including the master painter who had been commissioned in 1999 by the city of Bielefeld to restore the sculpture *The Bird and the Son of the Bird* (from 1972). The result was an impressive team who, between 2002 and 2010/2011, used their expertise and skills to create the sculpture park.

The thinner steel plating on the sculptures *The Bird and the Son of the Bird* and *The Pistol and the Victim* were based on earlier wooden sculptures, which accounts for the reduced plate thickness (5.5 cm). Because of their peculiar form, these two sculptures are the only ones that had to be attached to the ground with screws. All the other sculptures are freestanding on stainless steel blocks, which are in turn anchored to a concrete pedestal sunk into the earth. In order to ensure the necessary stability for the steel figures – and especially because the park is open to the public – Erich Engelbrecht worked with the consulting engineers Gauger & Partner from Filderstadt near Stuttgart. They created careful plans and calculations for the bases of all the sculptures. The width of the almond-shaped base plate

forme d'amande, sur lesquelles se dressent les sculptures d'acier, a été pour chacune déterminée par Gauger & Partner. Personne ne souhaite qu'une sculpture de 12 m de haut ne tombe tout d'un coup par vent fort, voire qu'un visiteur soit blessé. Les œuvres exposées aux Fougis sont issues de projets des années 1960 au début des années 1990.

On peut reconnaître deux groupes: les œuvres polychromes, reprises de peintures ou sculptures en bois des années 1960 et 1970, et les œuvres en acier brut ou monochrome, qui sont issues de projets d'une période créatrice d'Erich Engelbrecht plus tardive, entre 1983 et le début des années 1990.

Il existe deux versions différentes des sculptures *Elvira* et *Berserks dansants* dans le parc des Fougis. *Elvira* compte parmi les travaux les plus importants de la première phase créatrice d'Erich Engelbrecht, et était déjà une œuvre majeure de sa première exposition individuelle à la Kunsthalle de Bielefeld en 1969. *Elvira* est aujourd'hui exposée dans ses couleurs d'origine et en 7,8 m de haut à proximité du château, et dans sa version bleue-violette de 11 m de haut, elle est dressée comme solitaire sur le terrain d'exposition. L'allée du château est flanquée des deux premières sculptures d'acier en grand format issues d'une période créatrice d'Erich Engelbrecht plus tardive: les *Berserks dansants* de 4,4 et 4,5 m de haut.

Elles avaient monté la garde depuis 1984 à l'entrée de l'atelier/maison d'habitation d'Engelbrecht à Melle, et avaient été prêtées ensuite pendant environ dix ans à la ville de Hambourg qui les avait exposées au »Balcon d'Altona«, jusqu'à leur transfert aux Fougis en 2006. Un an plus tard – 2007 – Erich Engelbrecht fit ériger une deuxième version de ses *Berserks dansants* dans le parc, dans un plus grand format.

L'exemple des *Berserks* fait apparaître un problème de fabrication des grandes sculptures; car à cause de la masse et des propriétés du matériau, la simple transposition du projet sur des tailles différentes n'est pas réalisable. Alors que dans un petit format la statique n'a pas grande importance, les choses sont bien différentes lorsqu'il s'agit d'une sculpture qui pèse plusieurs douzaines de tonnes. Pour le grand *Berserk* de 7,5 m, *Le Marcheur de nuit*, l'artiste a utilisé ici une deuxième version du premier *Marcheur de nuit.* Cette sculpture se différencie par un détail du premier *Le Marcheur de nuit* de 4,4 m dressé à l'entrée de l'allée du château. Alors que cette dernière ne pèse qu'environ 6 tonnes, la sculpture du parc, un peu plus grande, pèse environ 28 tonnes. Il n'a pas été possible de fixer la partie supérieure de la sculpture en un seul point, au-dessus de l'épée, car avec le temps une cassure aurait pu apparaître à cet endroit, ou la sculpture aurait pu se déformer. De petites interventions ont été nécessaires sur quelques autres sculptures, afin qu'elles restent plus longtemps dans l'état souhaité par l'artiste. De telles adaptations ont toujours été faites après discussion avec le professeur Hubert Willi Klein de la Fachhochschule Südwestfalen à Meschede, qui aidait Erich Engelbrecht de ses conseils. Il n'y eut que de petites mesures techniques à prendre pour réaliser l'ancien projet de cette taille. Il ne s'agit pas de nouveaux projets.

La future utilisation des terres a été réglée lors de l'achat des Fougis. Une partie du parc de sculptures se trouve sur les anciennes prairies des Fougis que les agriculteurs n'ont quittées qu'en 2004. C'est pourquoi toutes les sculptures ne furent érigées jusqu'en 2004 que sur le terrain de l'ancien jardin du château. Fin 2004 la terre devant le château a été déclassée comme terre agricole et reclassée comme parc. Le terrain entre les sculptures est resté dans l'état ancien, et chaque année on fait la coupe et ramassage du foin. Entre 2005 et 2006 le parcours de visite a été créé d'après un plan d'Erich Engelbrecht. Les sculptures restantes ont été mises en place jusqu'en 2009, puis peintes en 2010. L'année suivante Erich Engelbrecht commanda une autre sculpture, seulement 2.2 m de haut, pour une exposition extérieure, *On ne devrait pas en arriver là*, portant le surnom »Rumpelstilskin«. Elle n'arriva aux Fougis qu'en automne 2011, après sa mort, et fut installée au bord de la cour devant le château.

Bien qu'Erich Engelbrecht eût déclaré en 2010 – concernant le nombre des sculptures – que son parc était complet, il m'a toutefois demandé au printemps 2011, de préparer les détails techniques pour trois autres œuvres, d'après d'anciens projets, et de me renseigner sur le prix que coûterait leur fabrication. Si Erich Engelbrecht n'était pas décédé l'été 2011 il aurait certainement installé ces trois autres sculptures aux Fougis l'année suivante ou plus tard. Depuis sa mort l'exposition est dirigée par sa femme Waltraud Engelbrecht, exécutrice testamentaire de la succession. Au décès d'Erich Engelbrecht elle était déjà propriétaire et titulaire des droits sur toutes les œuvres créées jusqu'en 1994.

Une partie de ces œuvres est exposée dans les salons et galeries du château. L'artiste avait projeté et réalisé cette exposition privée avec sa femme depuis 2004. Une étroite collaboration a façonné leur vie commune et a constitué la base de la création de l'ensemble de l'œuvre d'Erich Engelbrecht.

(João J. de Abreu Vares, architecte diplômé, conseiller d'Erich Engelbrecht pour l'installation du parc de sculptures)

Bibliographie

Aubert de La Faige (Genest-Émile) et Roger (Préveraud) de La Boutresse, *Les Fiefs du Bourbonnais. La Palisse ...*, Moulins, 1896.

Colas, Raymond, *Châteaux en Bourbonnais*, Moulins, 1983.

Crochet (abbé), lettre au vicaire général de Moulins, rapport sur une recherche à la demande de Geneviève Clayeux pour ériger un oratoire privé aux Fougis. Archives de l'évêché, Moulins, 24.08.1906.

Desforges, Jacques, *Château des Fougis*, Dompierre-sur-Besbre, 2017.

Faure, Nelly, »Entre historicisme et modernité, les châteaux construits ou remaniés dans l'Allier, le Cantal, et le Puy-de-Dôme, entre le Premier Empire et la Première Guerre mondiale«, *Thèse d'histoire de l'art*, Université Blaise Pascal, Clermont-Ferrand, 2014.

Germain, René (ed.), *Châteaux, fiefs, mottes, maisons fortes et manoirs en Bourbonnais*, Sayat, 2004.

Kokoreff, Guy, »A la recherche des anciennes églises et chapelles de Thionne«, *Les Cahiers du Bourbonnais et du Centre*, n° 118 (1986), pp. 435–438.

Soultrait, George de, *Armorial du Bourbonnais, Livre 1*, 2e édition, edité par Roger de Quirielle, Moulins, 1890.

on which the steel sculptures stand was determined based on the calculations of Gauger & Partner in each case. Nobody would want a 12 m high steel sculpture suddenly falling over in strong winds, or, worse, injuring a visitor. The artworks exhibited at les Fougis are based on designs created between the 1960s and the early 1990s.

Two groups can be seen: the polychrome works that replicate paintings and sculptures from the 1960s and 1970s, and the artworks from untreated or monochrome-painted steel, which are based on designs created by Erich Engelbrecht during a later creative phase, between 1983 and the early 1990s.

There are two different versions of the sculptures *Elvira* and *Dancing Berserkers* in the park at les Fougis. *Elvira* is one of the most important artworks from Erich Engelbrecht's first creative phase, and had already appeared as a key work in his first solo exhibition in the Kunsthalle Bielefeld in 1969. Today, *Elvira* stands close to the château in her original colours, 7.8 m high, whilst a 11 m-high blueviolet version stands solitary on the exhibition grounds. The château alley is flanked by the first two grand format steel sculptures from Erich Engelbrecht's later creative phase: the *Dancing Berserkers*, 4.4 and 4.5 m in height.

They were monitoring access to Engelbrecht's studio/home in Melle since 1984, and later stood for around ten years on the »Altonaer Balkon« (on loan to the city of Hamburg) before being brought to les Fougis in 2006. A year later – in 2007 – Erich Engelbrecht had his *Dancing Berserkers* set up in the park for a second time, in the larger format.

The *Berserkers* demonstrate the problem with manufacturing large-scale sculptures; owing to the mass and the physical property of the material, it is not possible to simply render the design in different sizes. On a small scale, the static properties may be unimportant, but a sculpture weighing several dozen tons is a different matter. For the large, 7.5 m-high *Berserker*, called *The Night Walker*, the artist used here a second version of the original *The Night Walker*. One detail of the figure distinguishes it from the first *Night Walker*, which is 4.4 m high and situated at the château alley. Whilst the latter weighs only 6 tons approx., the somewhat larger sculpture in the park weighs approx. 28 tons. The upper part of the sculpture, above the sword, could not be fixed to a single point, since over time this would lead to a breakage at that same point, or a distortion in the sculpture. Small alterations had to be made to a few other sculptures in order to preserve them long-term as the artist would have wished. These adaptations were always made in consultation with Professor Hubert Willi Klein of the Fachhochschule Südwestfalen in Meschede, who supported Erich Engelbrecht with his advice. Only minor technical measures had to be taken, in order to realize the old design on this scale. It was not a question of creating new designs.

When les Fougis was purchased, rules were also established for the future use of the property. Part of the sculpture park is located on the old les Fougis meadowlands; the farmers did not leave until the end of 2004. Accordingly, until 2004, all sculptures were set up only on the lands of the former château garden. In late 2004, the land in front of the château was freed from agriculture and registered as a park. Between the sculptures, the old land has been left untouched, and it is mown for hay every year. The visitors' path was laid out between 2005 and 2006, based on a design by Erich Engelbrecht. The setting-up of the rest of the sculptures took until 2009, followed by the painting of the sculptures in 2010. The following year, Erich Engelbrecht ordered a further, only 2.20 m high sculpture for an external exhibition, *It should not really come to that*, nicknamed »Rumpelstiltskin«. It did not arrive in les Fougis until after his death, in autumn 2011, and it was then placed on the edge of the courtyard in front of the château.

Although Erich Engelbrecht declared his park complete in 2010 – in terms of the number of sculptures – in 2011 he nonetheless requested me to prepare the technical details for three additional artworks based on old designs, in order to calculate the prices for manufacturing them. If Erich Engelbrecht had not died in the summer of 2011, he would presumably have installed these three sculptures in les Fougis the following year or later. Since his death, the exhibition has been directed by his wife Waltraud Engelbrecht, executor of his estate. At the death of Erich Engelbrecht, she was already the owner and holder of the rights to all works created until 1994.

Some of these artworks are on display in the salons and galleries of the château. The artist had planned and realized this private exhibition jointly with his wife since 2004. Close cooperation shaped their common life and formed the basis for the creation of Erich Engelbrecht's entire œuvre.

(João J. de Abreu Vares, graduated architect, adviser to Erich Engelbrecht during the creation of the sculpture park)

Bibliography

Aubert de La Faige (Genest-Émile) and Roger (Préveraud) de La Boutresse, *Les Fiefs du Bourbonnais. La Palisse ...*, Moulins, 1896.

Colas, Raymond, *Châteaux en Bourbonnais*, Moulins, 1983.

Crochet (abbott), a letter sent to the general vicar of Moulins, reporting on an investigation prompted by the application by Geneviève Clayeux to erect a private oratory in les Fougis. Episcopal archive of Moulins, 24.08.1906.

Desforges, Jacques, *Château des Fougis*, Dompierre-sur-Besbre, 2017.

Faure, Nelly, »Entre historicisme et modernité, les châteaux construits ou remaniés dans l'Allier, le Cantal, et le Puy-de-Dôme, entre le Premier Empire et la Première Guerre mondiale«, *Thèse d'histoire de l'art*, Université Blaise Pascal, Clermont-Ferrand, 2014.

Germain, René (ed.), *Châteaux, fiefs, mottes, maisons fortes et manoirs en Bourbonnais,* Sayat, 2004.

Kokoreff, Guy, »A la recherche des anciennes églises et chapelles de Thionne«, *Les Cahiers du Bourbonnais et du Centre*, no. 118 (1986), pp. 435–438.

Soultrait, George de, *Armorial du Bourbonnais, Livre 1*, 2nd edition, edited by Roger de Quirielle, Moulins, 1890.

1. François-Marie Treyve, »Parc des Fougis«, 1889. Le plan a été commandé par Alfred Clayeux, le propriétaire à l'époque.

1. François-Marie Treyve, »Parc des Fougis«, 1889. The plan was commissioned by Alfred Clayeux, the owner at the time.

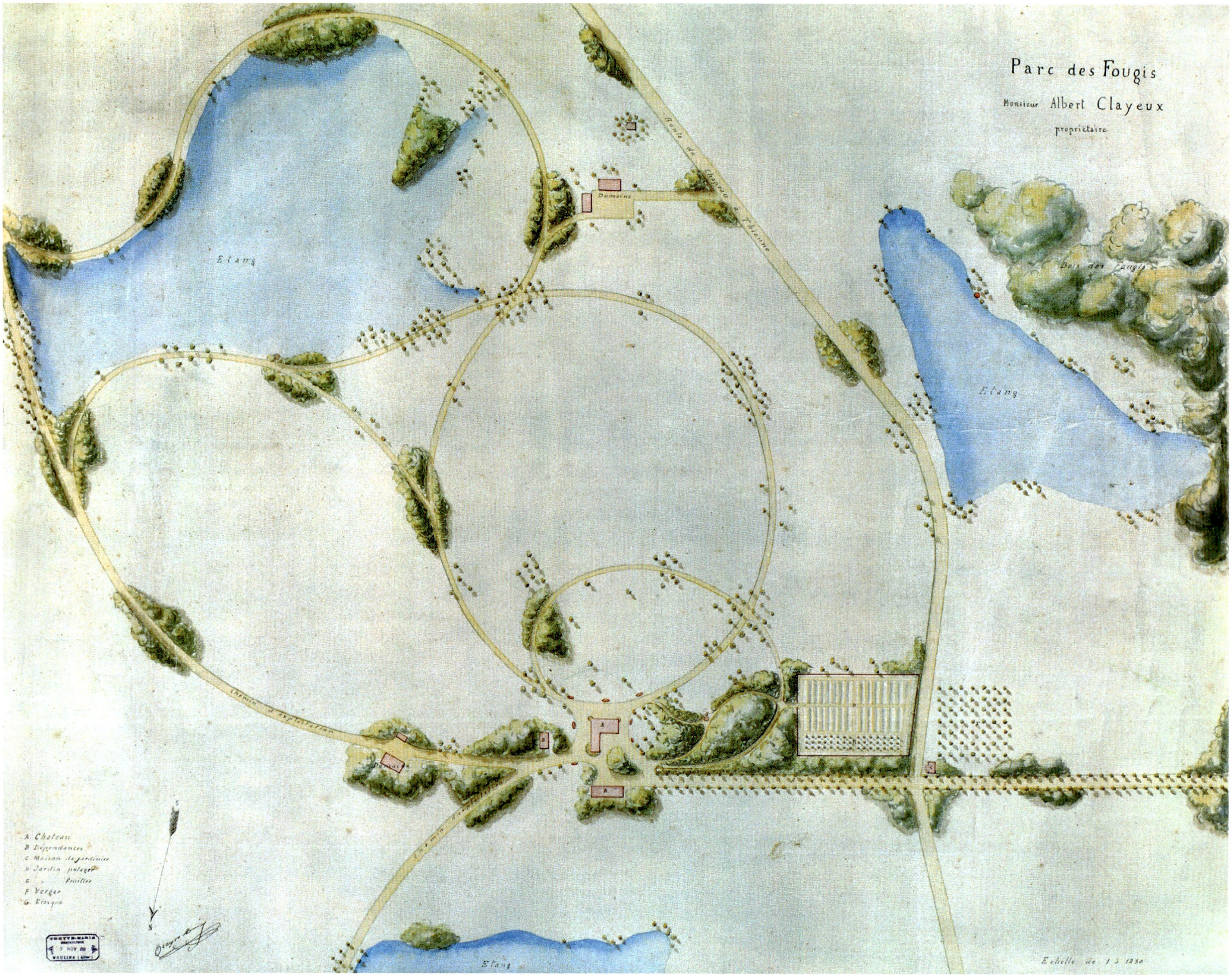

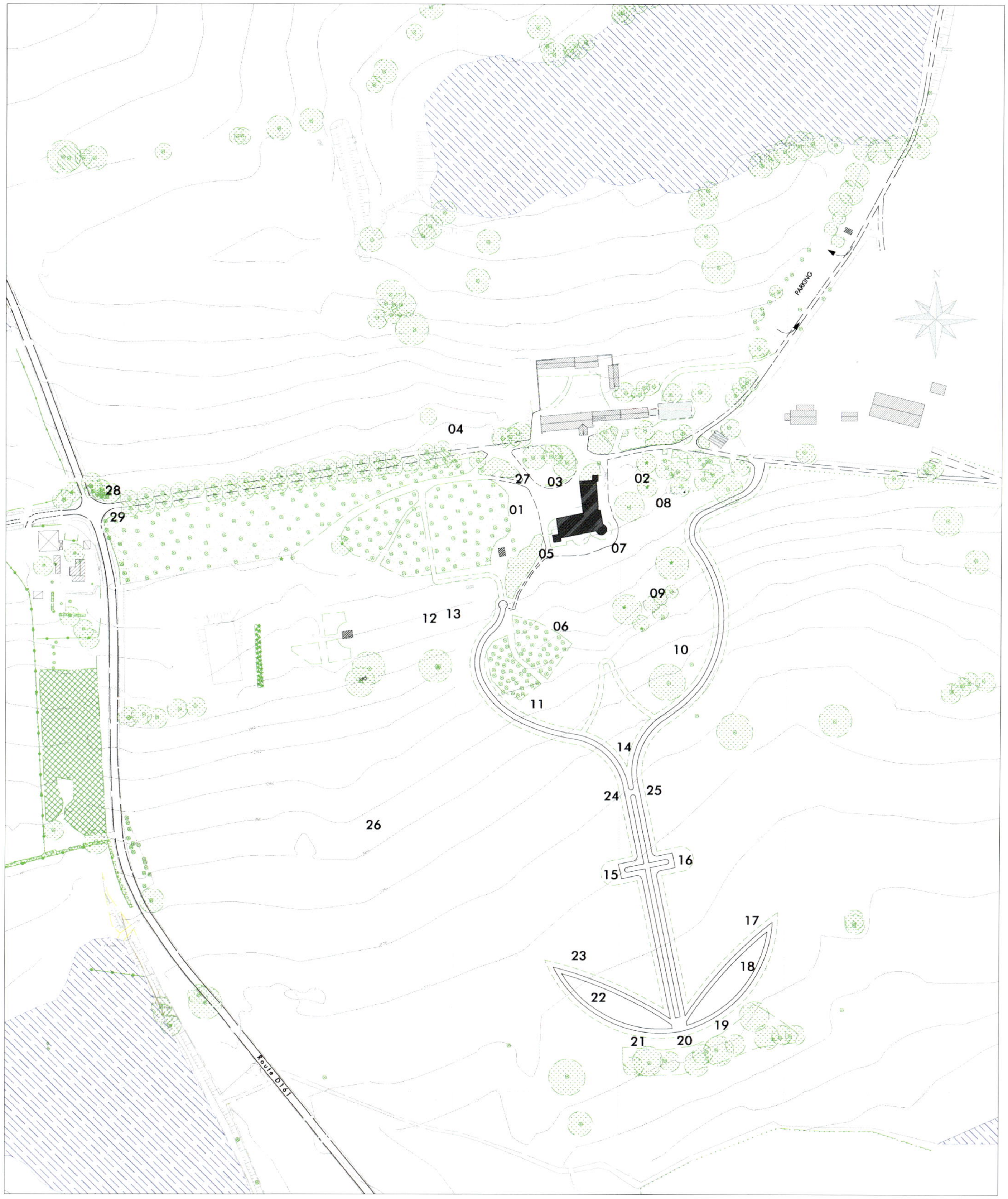

2. Plan du site de la propriété avec l'emplacement des sculptures.

2. Site plan of the property with position of the sculptures.

01. *Der Schmied*
02. *Er wirft sich in die Brust*
03. *Der Vogel und der Sohn des Vogels*
04. *Hinfällig*
05. *Der Bedenkenträger*
06. *Ikarus*
07. *Häuptling Scharfe Zunge*
08. *Mundalins Heimkehr*
09. *Elvira (rot)*
10. *Die Pistole und das Opfer*
11. *Der Beschwörer*
12. *Die Quälerei*
13. *Die Anklägerin*
14. *Die Lektion*
15. *Der Schreiber*
16. *Der Fuchtler*
17. *Der liegende Drache*
18. *Das Fliegen ist schwer !*
19. *Der pferdehalsige König*
20. *Hat der Mann ein Schwein!*
21. *Der Ritter mit der Ente*
22. *Die Vernichtung des Elefanten*
23. *Die Prinzessin und der Drache*
24. *Tanzender Berserker. Der Doppelgänger*
25. *Tanzender Berserker. Der Abendgänger*
26. *Elvira (blau)*
27. *So weit darf es eigentlich nicht kommen (»Rumpelstilzchen«)*
28. *Tanzender Berserker. Der Doppelgänger*
29. *Tanzender Berserker. Der Abendgänger*

1. Schloßallee mit *Tanzendem Berserker. Der Abendgänger* (links) und *Tanzendem Berserker. Der Doppelgänger* (rechts).
2. *Hinfällig*.

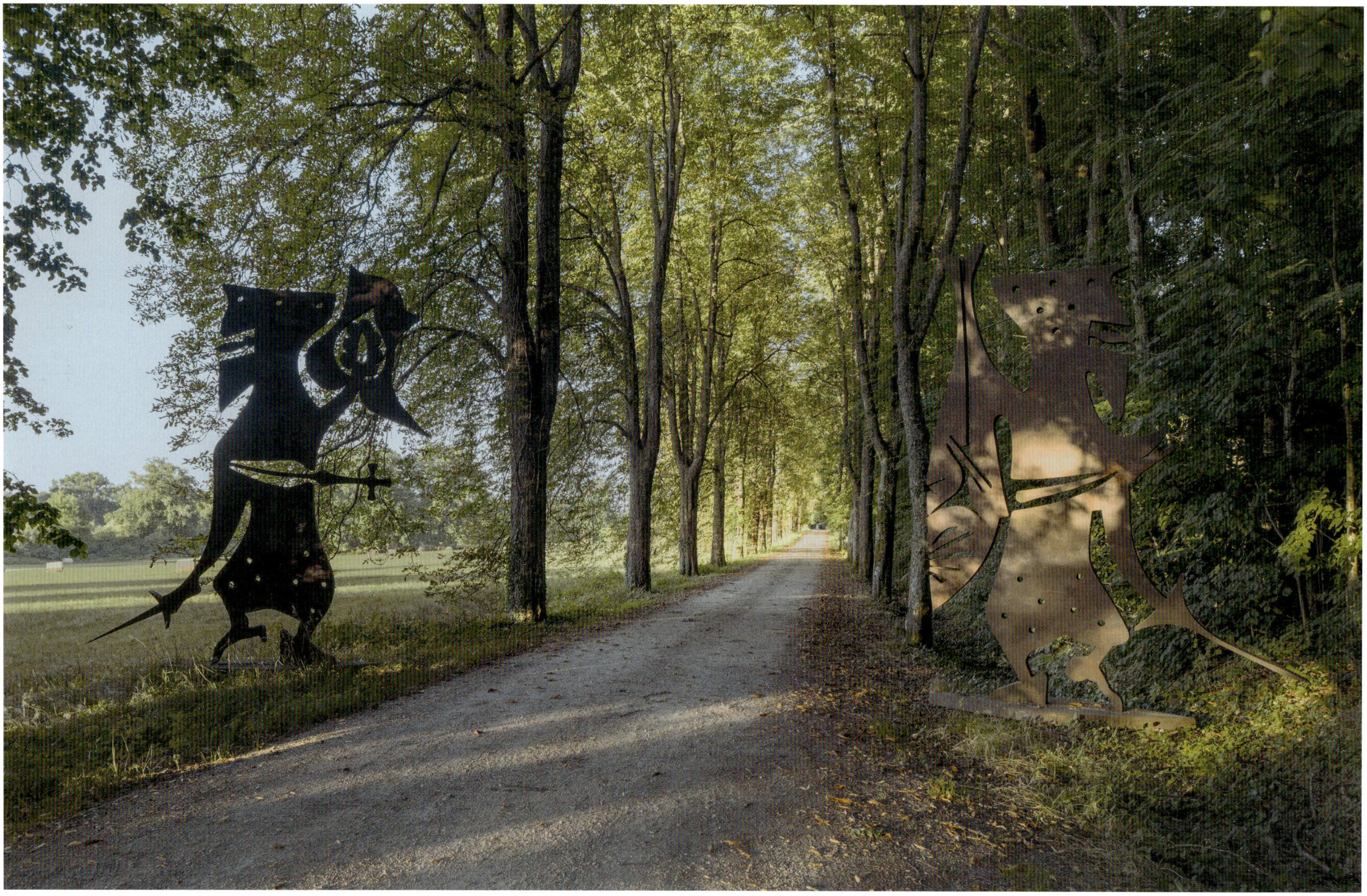

1. Allée du château avec *Berserk dansant. Le Marcheur de nuit* (à gauche) et *Berserk dansant. Le Sosie* (à droite).
2. *Caduc.*

1. Château avenue with *Dancing Berserker. The Night Walker* (on the left) and *Dancing Berserker. The Doppelgänger* (on the right).
2. *Falling over*.

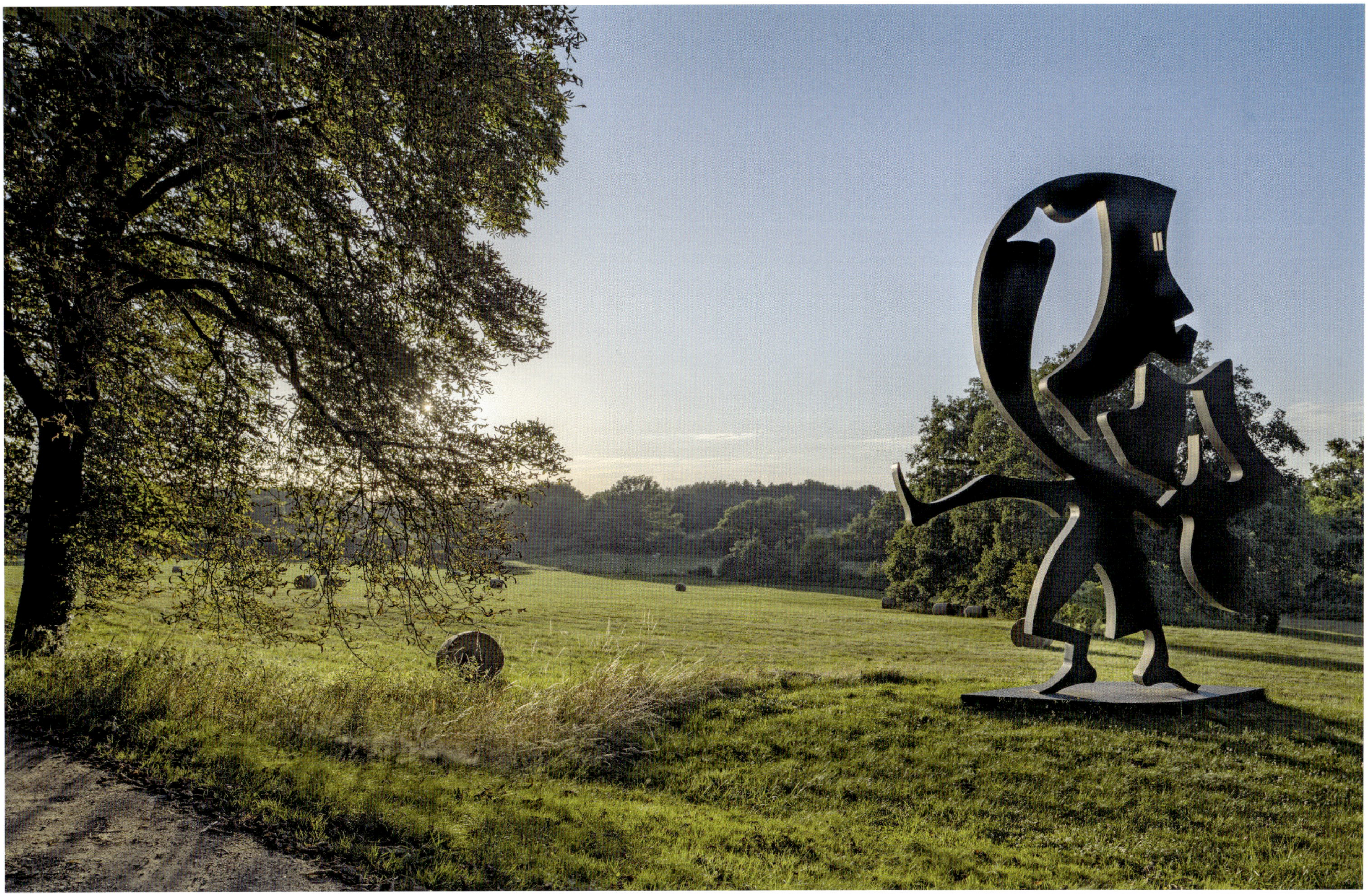

3. Schloß von Nordwesten. Links *Der Vogel und der Sohn des Vogels*.
4. Schloß von Norden. Rechts *Der Vogel und der Sohn des Vogels*. Photo: Helmut Kohn.

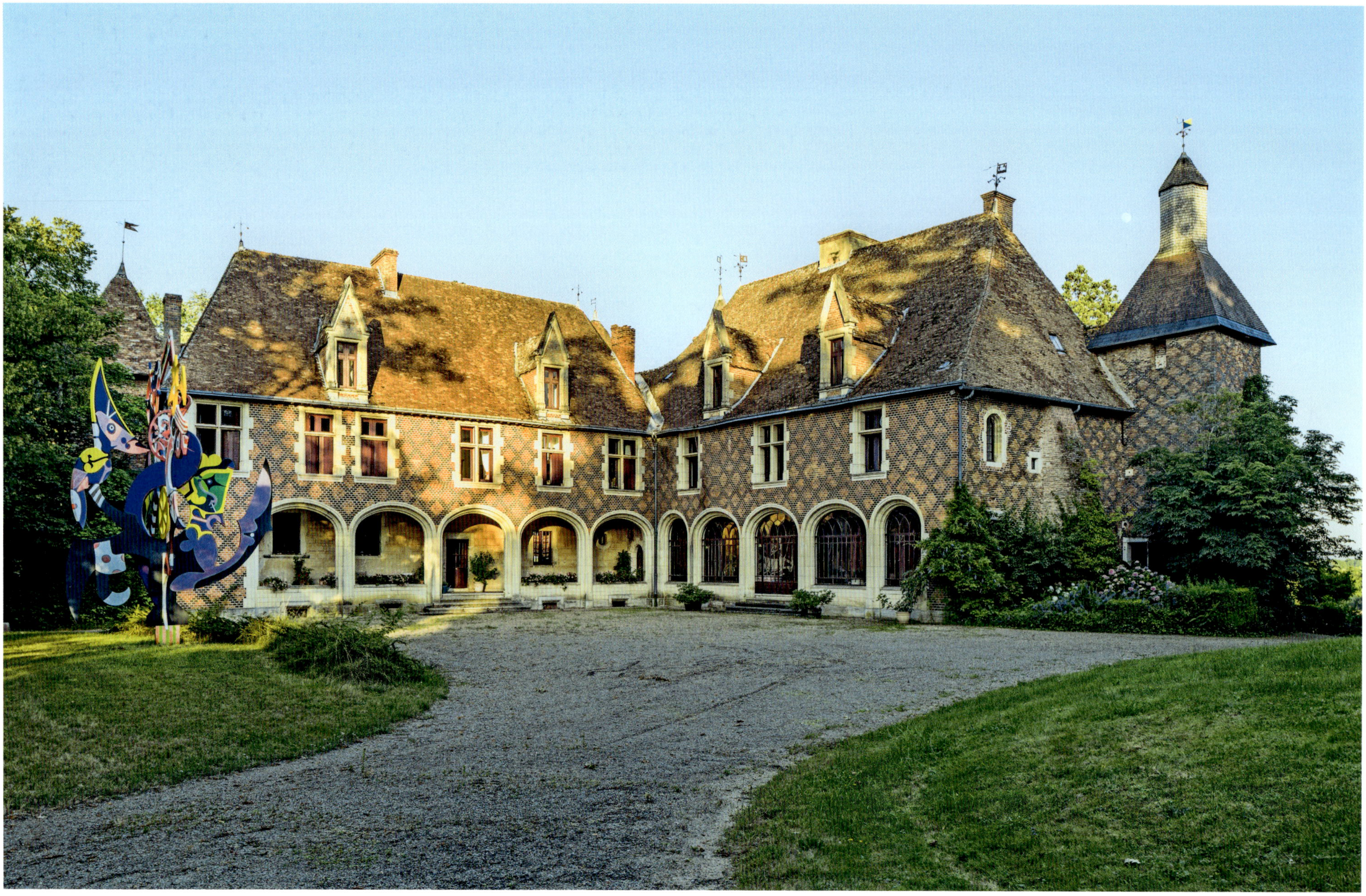

3. Château à partir du nord-ouest. A gauche *L'Oiseau et le fils de l'oiseau.*
4. Château à partir du nord. A droite *L'Oiseau et le fils de l'oiseau.* Photo: Helmut Kohn.

3. Château from the north-west. On the left *The Bird and the Son of the Bird.*
4. Château from the north. On the right *The Bird and the Son of the Bird*. Photo: Helmut Kohn.

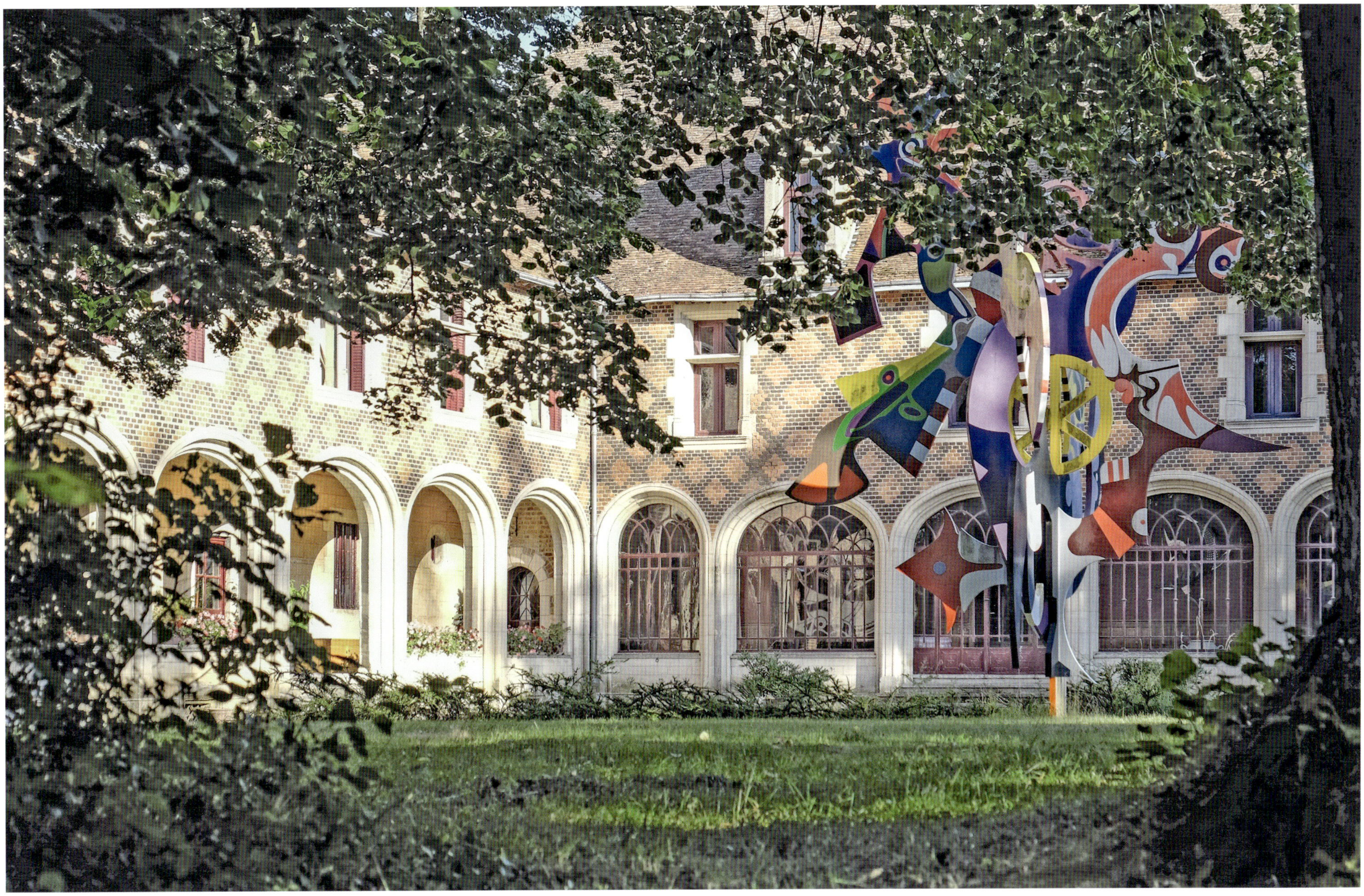

5. Korridor im Erdgeschoß des Westflügel des Schlosses. Links an der Wand *Hugin und Munin finden einen alten Stiefel* sowie *Das himmlische Horn des Mondes*. Photo: Sarah Engelbrecht.
6. Korridor im Obergeschoß des Westflügel des Schlosses. Rechts angeschnitten *Das Gottesauge*.

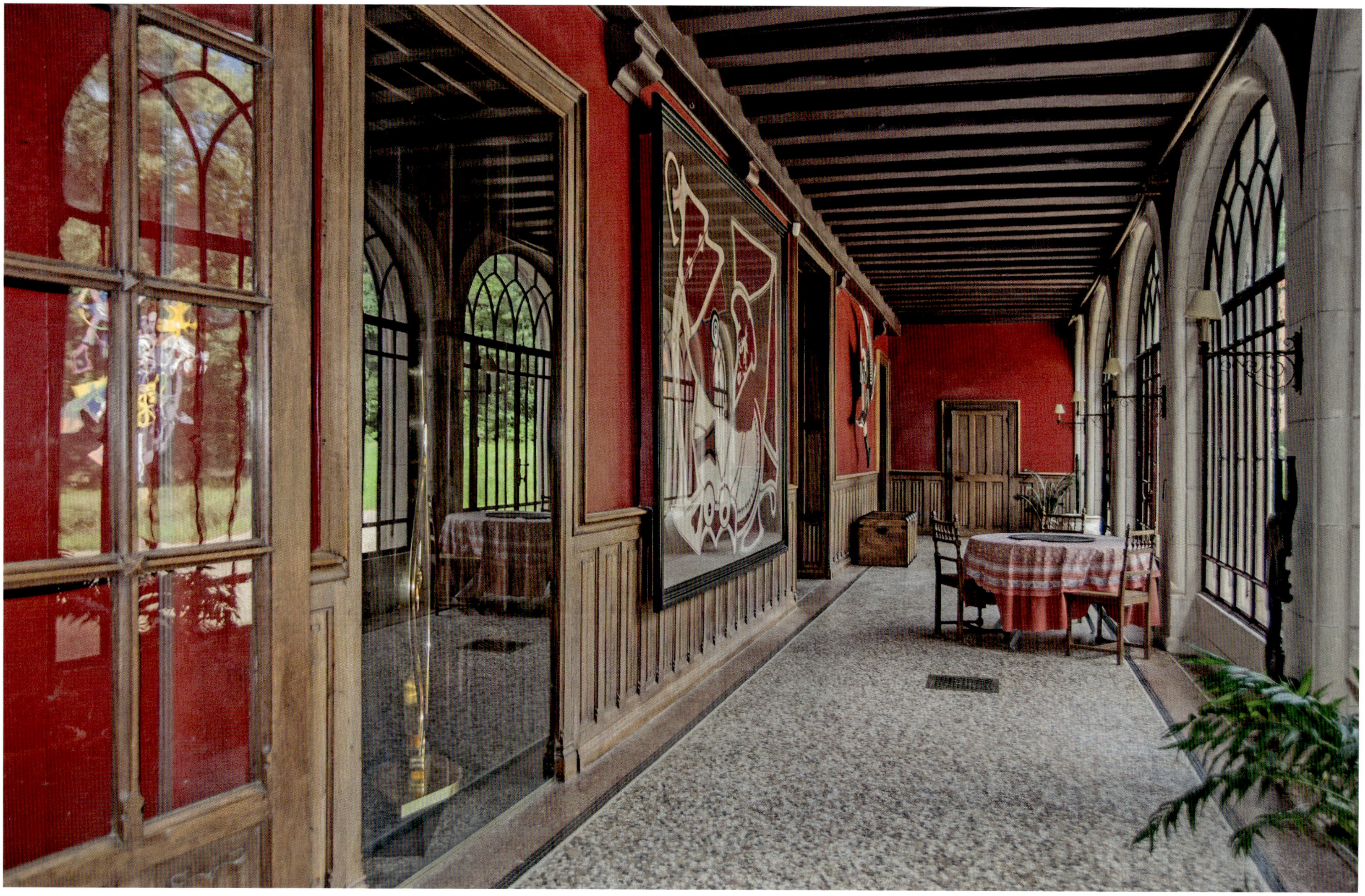

5. Couloir au rez-de-chaussée de l'aile ouest du château. Sur le mur de gauche *Hugin et Munin trouvent une vieille bottine* et *La Corne céleste de la lune*. Photo: Sarah Engelbrecht.
6. Couloir à l'étage supérieur de l'aile ouest du château. A droite, coupé, *L'Œil de Dieu*.

5. Corridor on the ground floor of the west wing of the château. On the left wall *Hugin and Munin Find an Old Boot* and *The Celestial Horn of the Moon*. Photo: Sarah Engelbrecht.
6. Corridor on the upper floor of the west wing of the château. On the right, cut, *The Eye of God*.

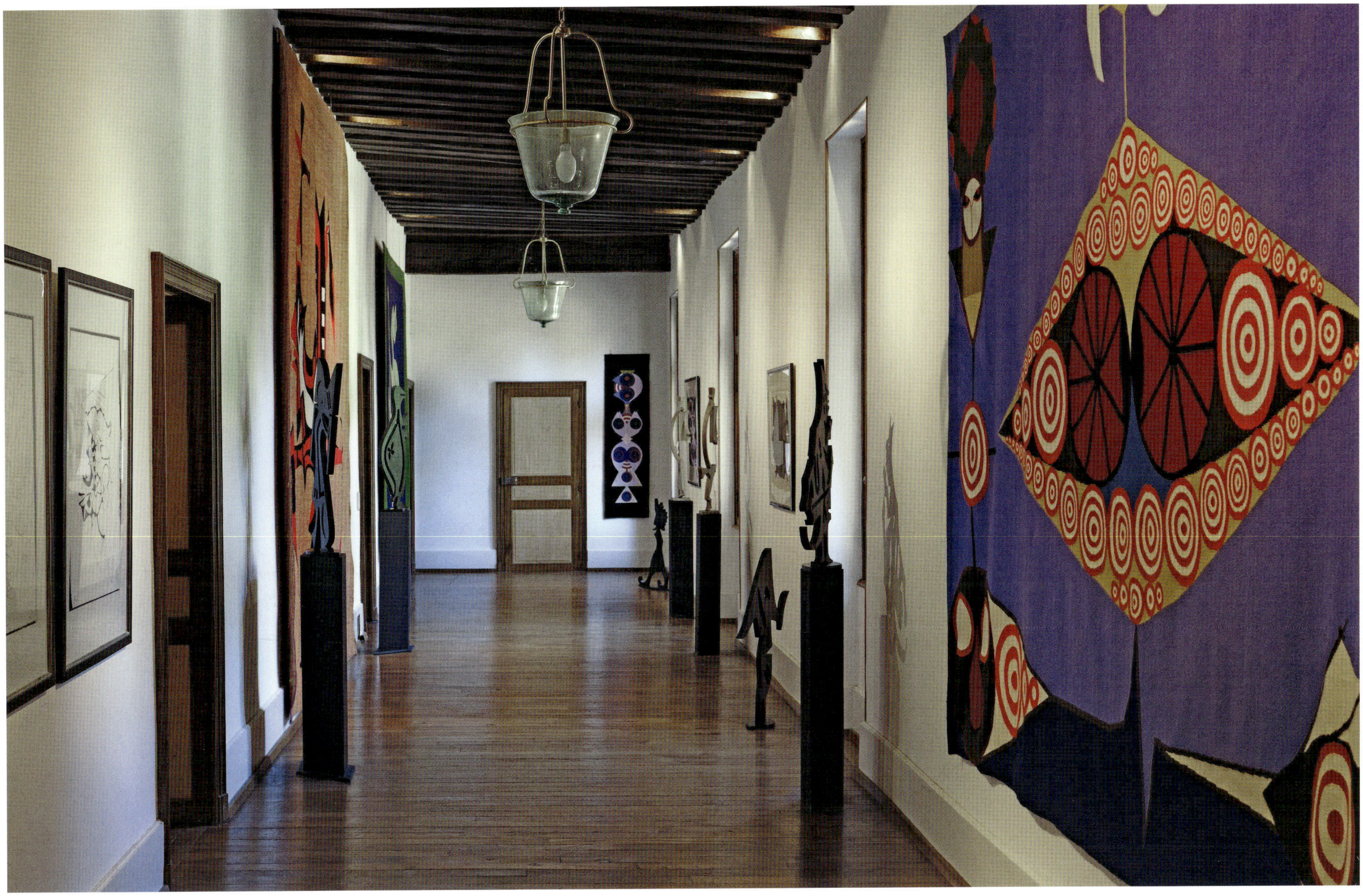

7. Korridor im Erdgeschoß des Westflügels des Schlosses. Links *Das himmlische Horn des Mondes*. Photo: Sarah Engelbrecht.
8. Salon im Erdgeschoß des Westflügels des Schlosses. Im Holzrahmen *Die Biene*. Photo: Sarah Engelbrecht.

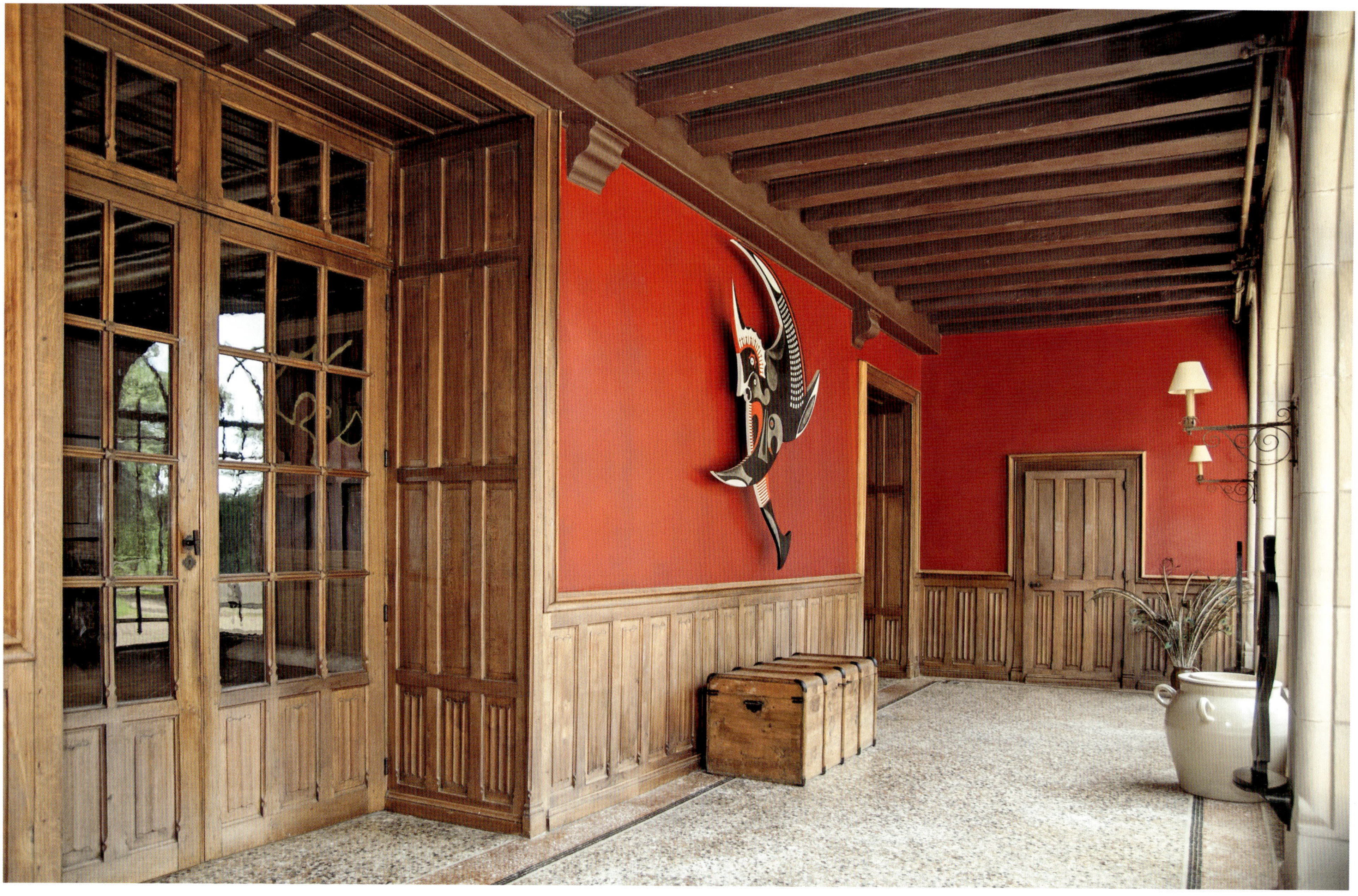

7. Couloir au rez-de-chaussée de l'aile ouest du château. A gauche *La Corne céleste de la lune*. Photo: Sarah Engelbrecht.
8. Salon au rez-de-chaussée de l'aile ouest du château. Dans une cadre en bois *L'Abeille*. Photo: Sarah Engelbrecht.

7. Corridor on the ground floor of the west wing of the château. On th left *The Celestial Horn of the Moon*. Photo: Sarah Engelbrecht.
8. Salon on the ground floor of the west wing of the château. In a wooden frame *The Bee*. Photo: Sarah Engelbrecht.

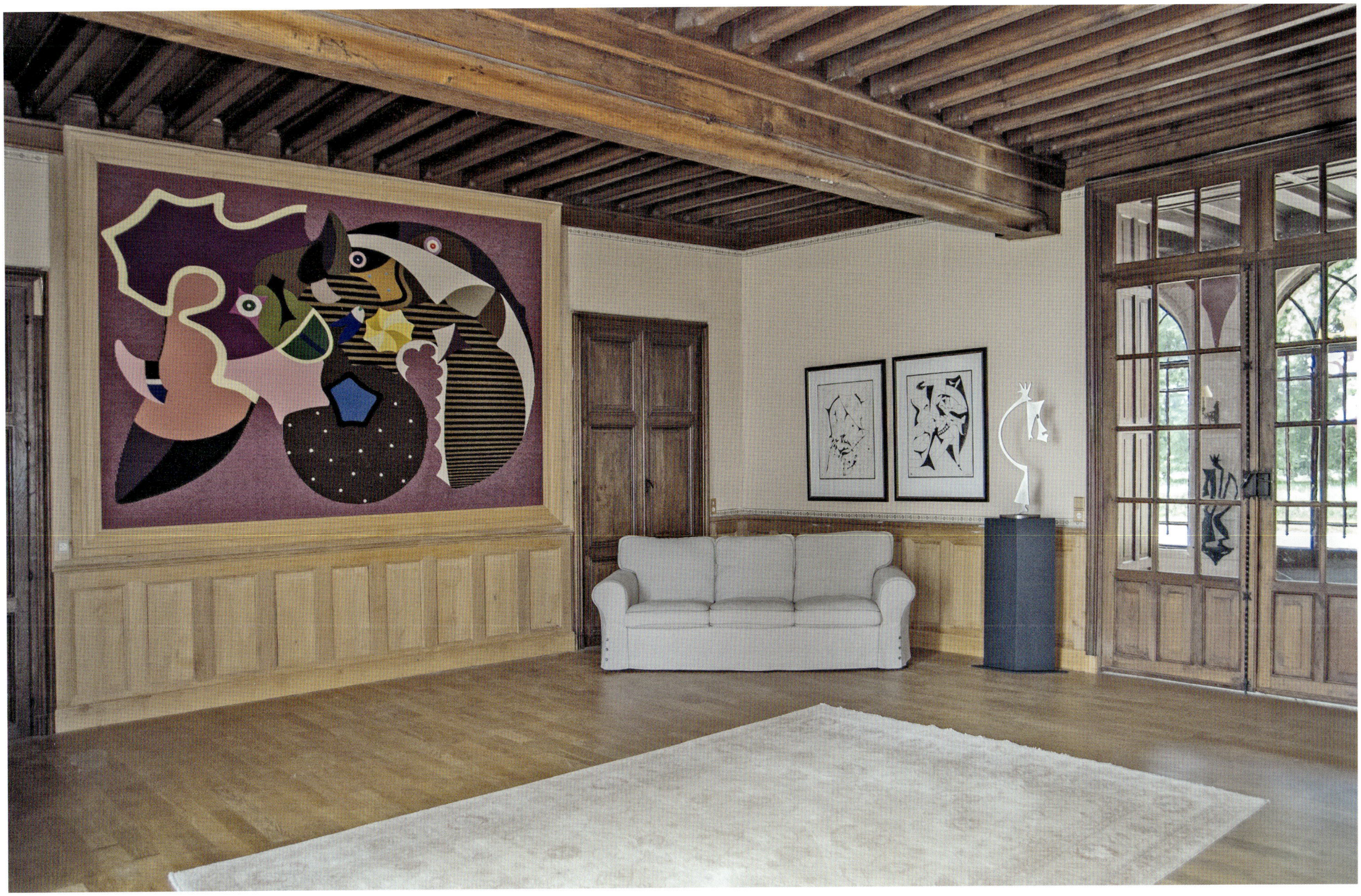

9. Links *Der Vogel und der Sohn des Vogels*, rechts *Der Schmied*.
10. Links *So weit darf es eigentlich nicht kommen* (»*Rumpelstilzchen*«), rechts *Der Vogel und der Sohn des Vogels*.

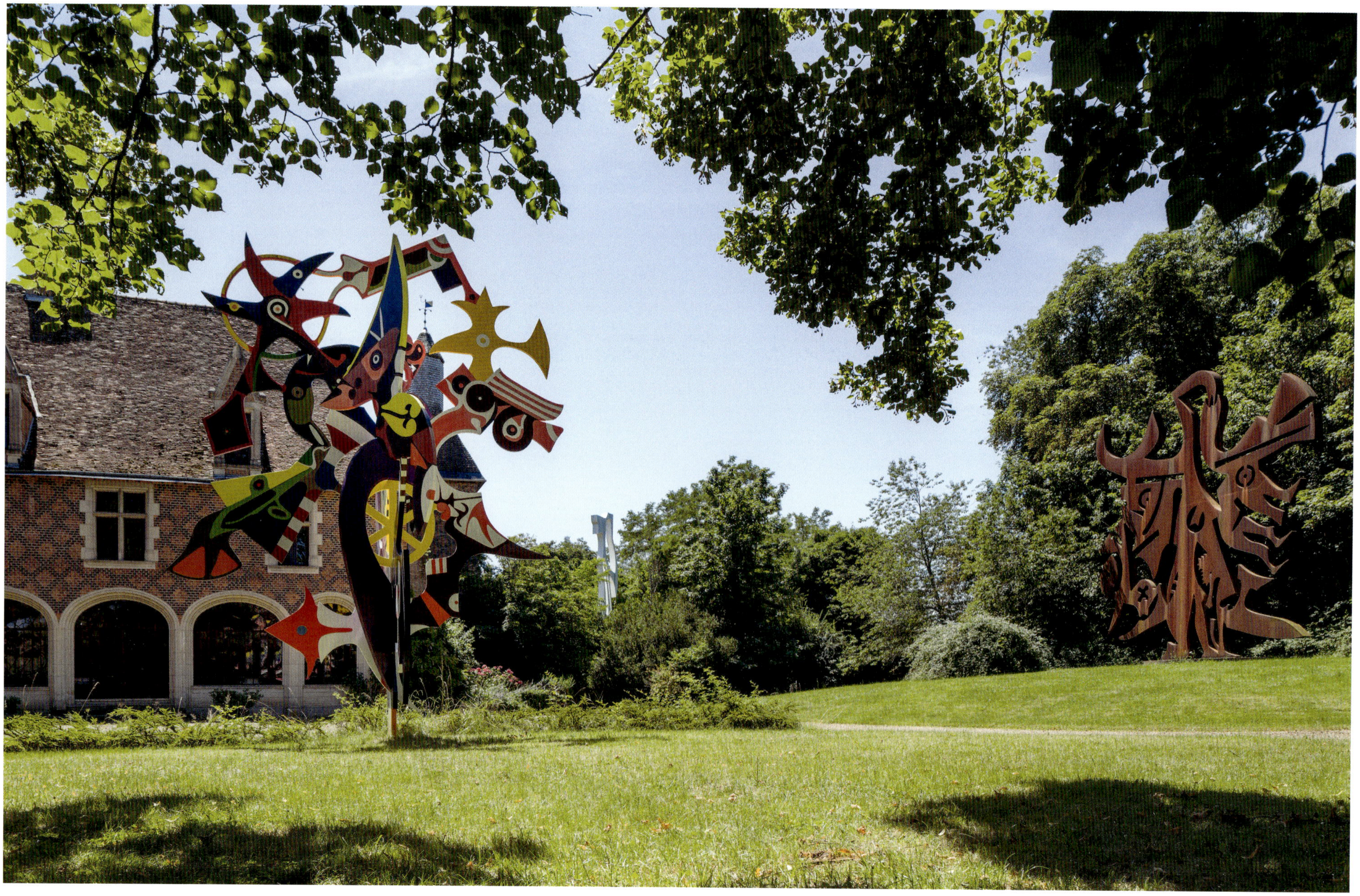

9. A gauche *L'Oiseau et le fils de l'oiseau*, à droite *Le Forgeron*.
10. A gauche *On ne devrait pas en arriver là* (»*Rumpelstiltskin*«), à droite *L'Oiseau et le fils de l'oiseau*.

9. On the left *The Bird and the Son of the Bird,* on the right *The Blacksmith*.
10. On the left *It should not really come to that* (»*Rumpelstiltskin*«), on the right *The Bird and the Son of the Bird*.

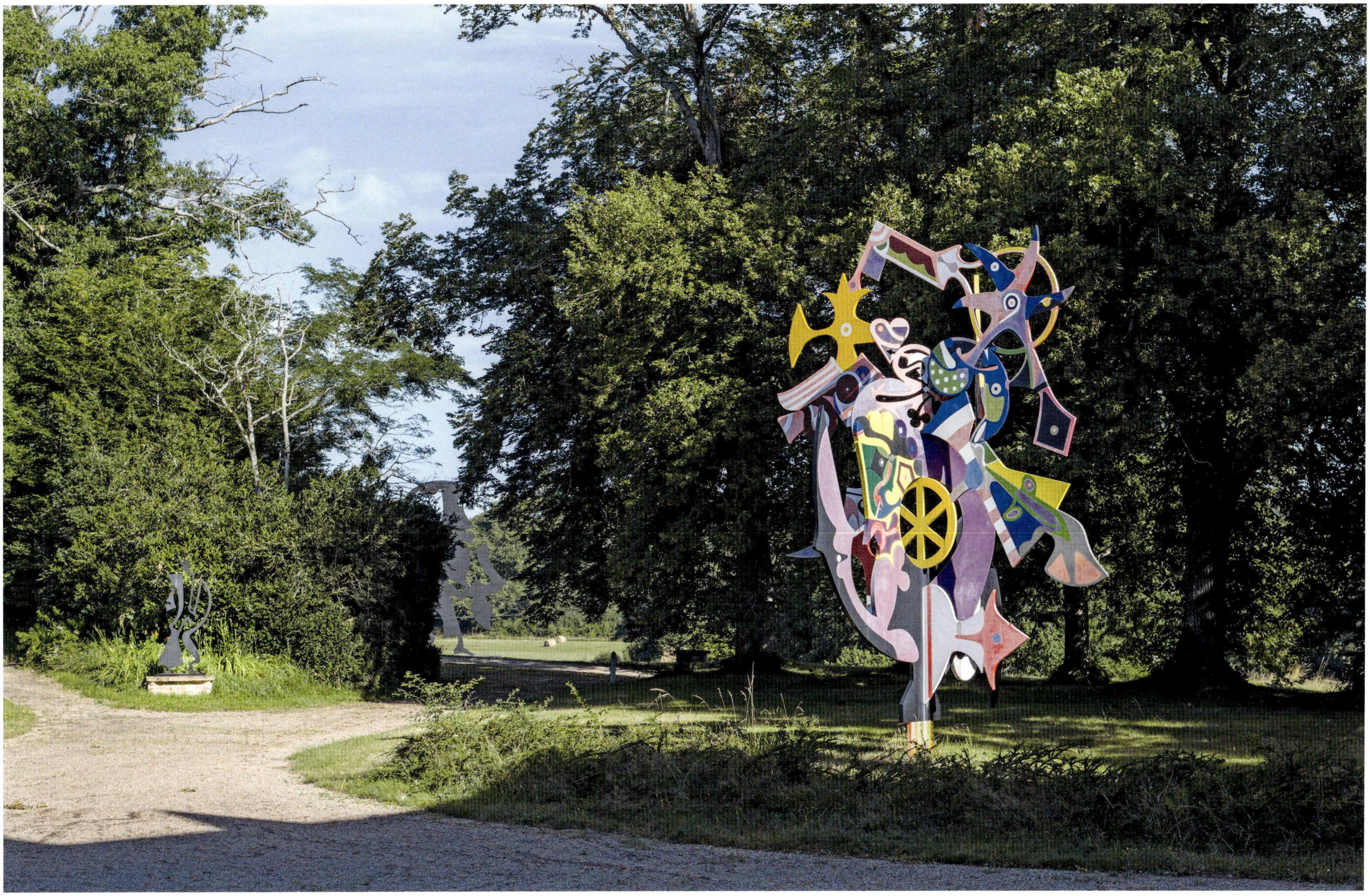

11. *Er wirft sich in die Brust*.
12. *Der Schmied*.

S. 34/35
13. Links *Ikarus*, in der Mitte *Häuptling Scharfe Zunge*, rechts *Der Bedenkenträger*.

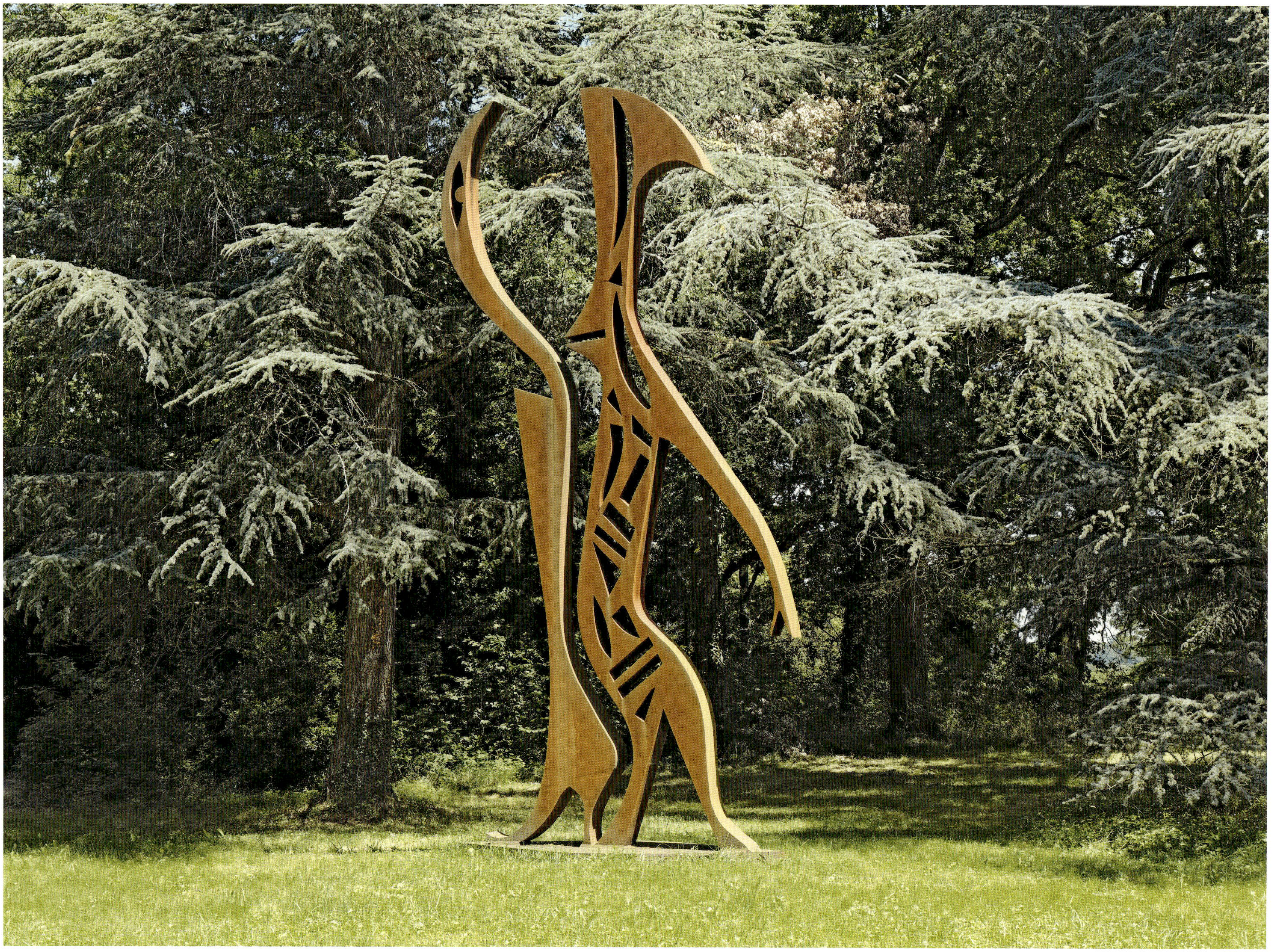

11. *Il se bombe le torse*.
12. *Le Forgeron*.

pp. 34/35
13. A gauche *Icare*, au centre *Chef de tribu langue-acérée*, à droite *Le Circonspect*.

11. *He Puffs up his Chest*.
12. *The Blacksmith*.

pp. 34/35
13. On the left *Icarus*, in the centre *Chieftain Sharp Tongue*, on the right *The Circumspect*.

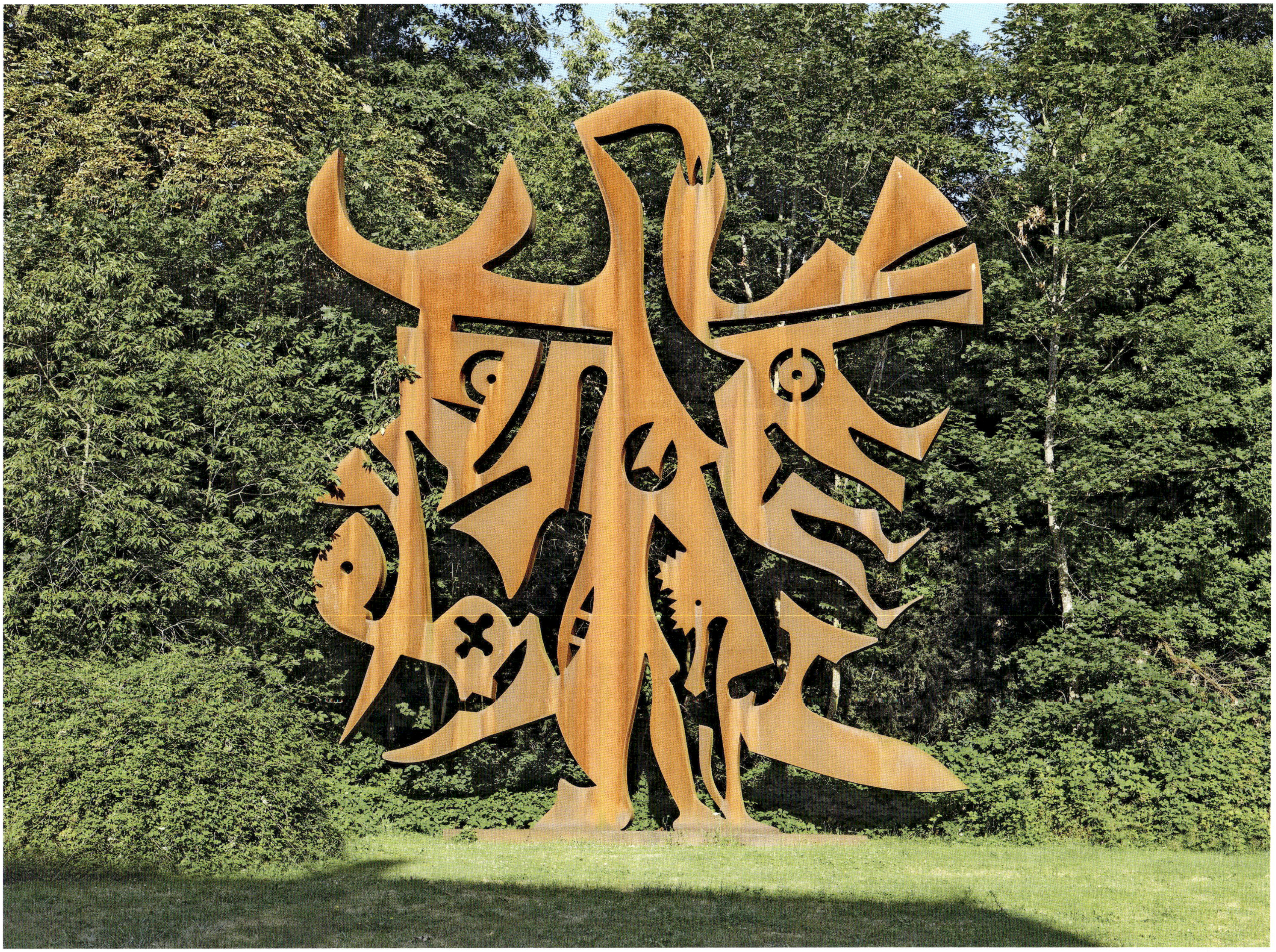

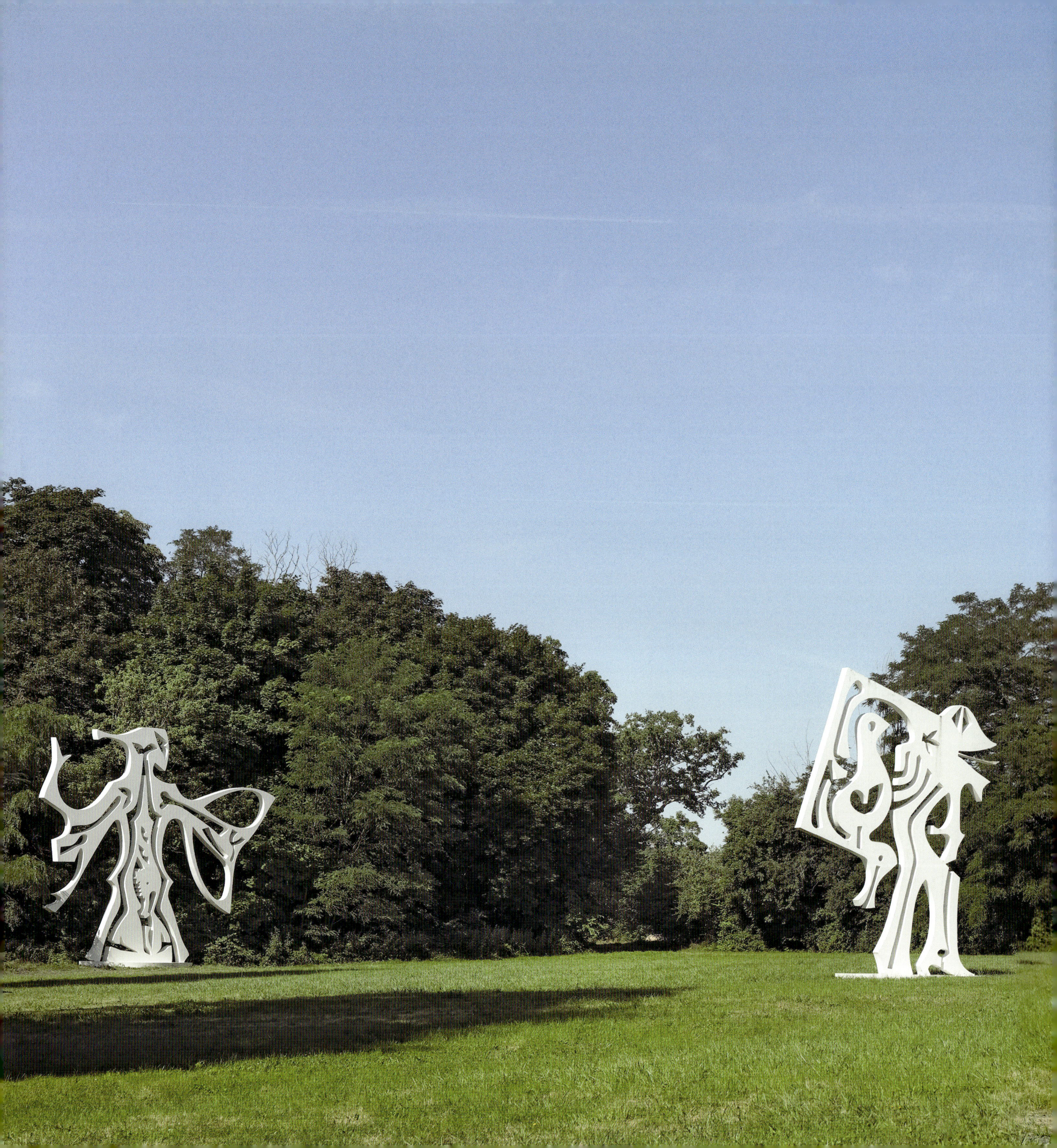

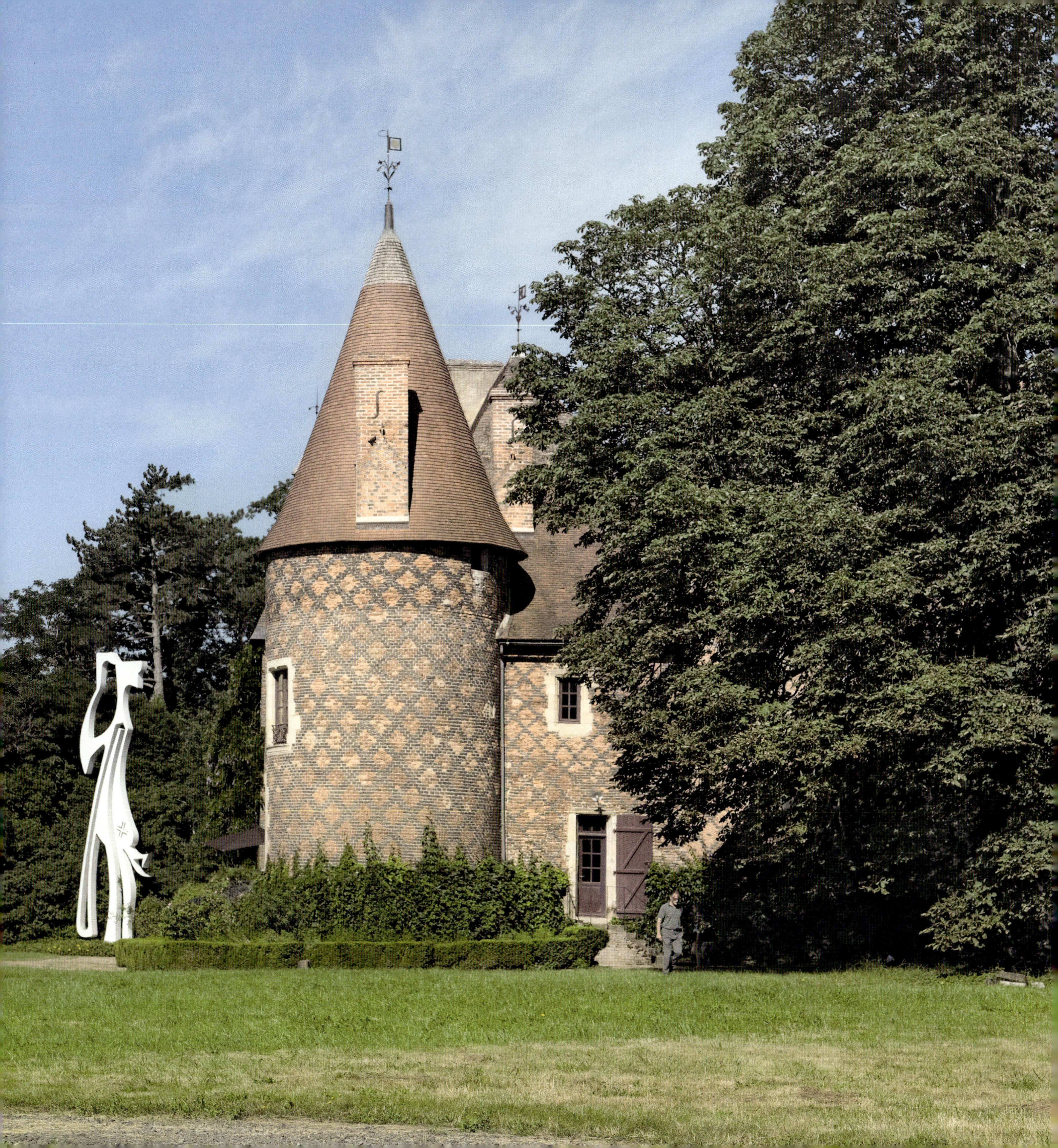

14. *Links Häuptling Scharfe Zunge*, rechts *Ikarus*.
14. *Ikarus*.

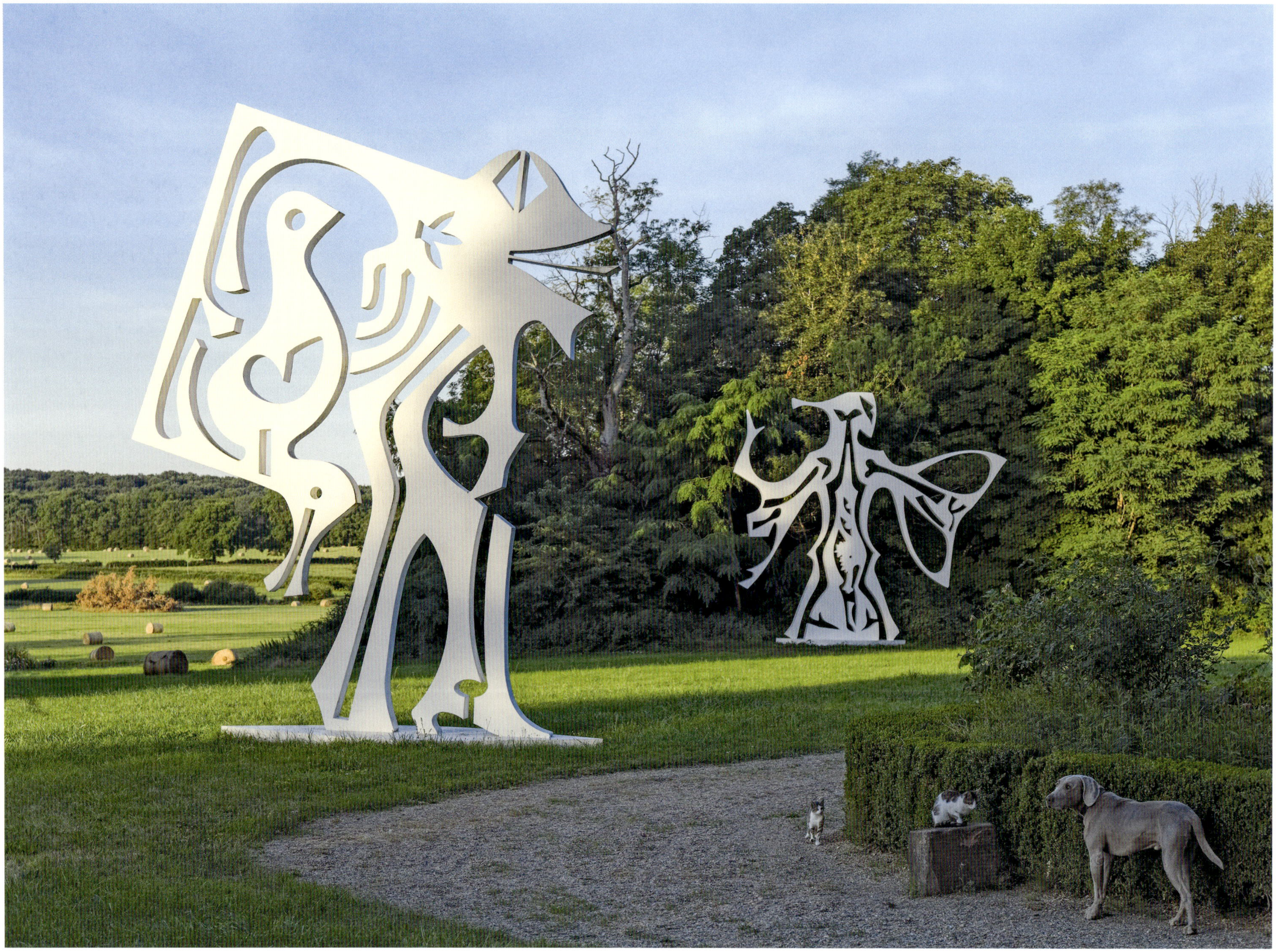

14. A gauche *Chef de tribu langue-acérée*, à droite *Icare*.
15. *Icare*.

14. On the left *Chieftain Sharp Tongue*, on the right *Icarus*.
15. *Icarus*.

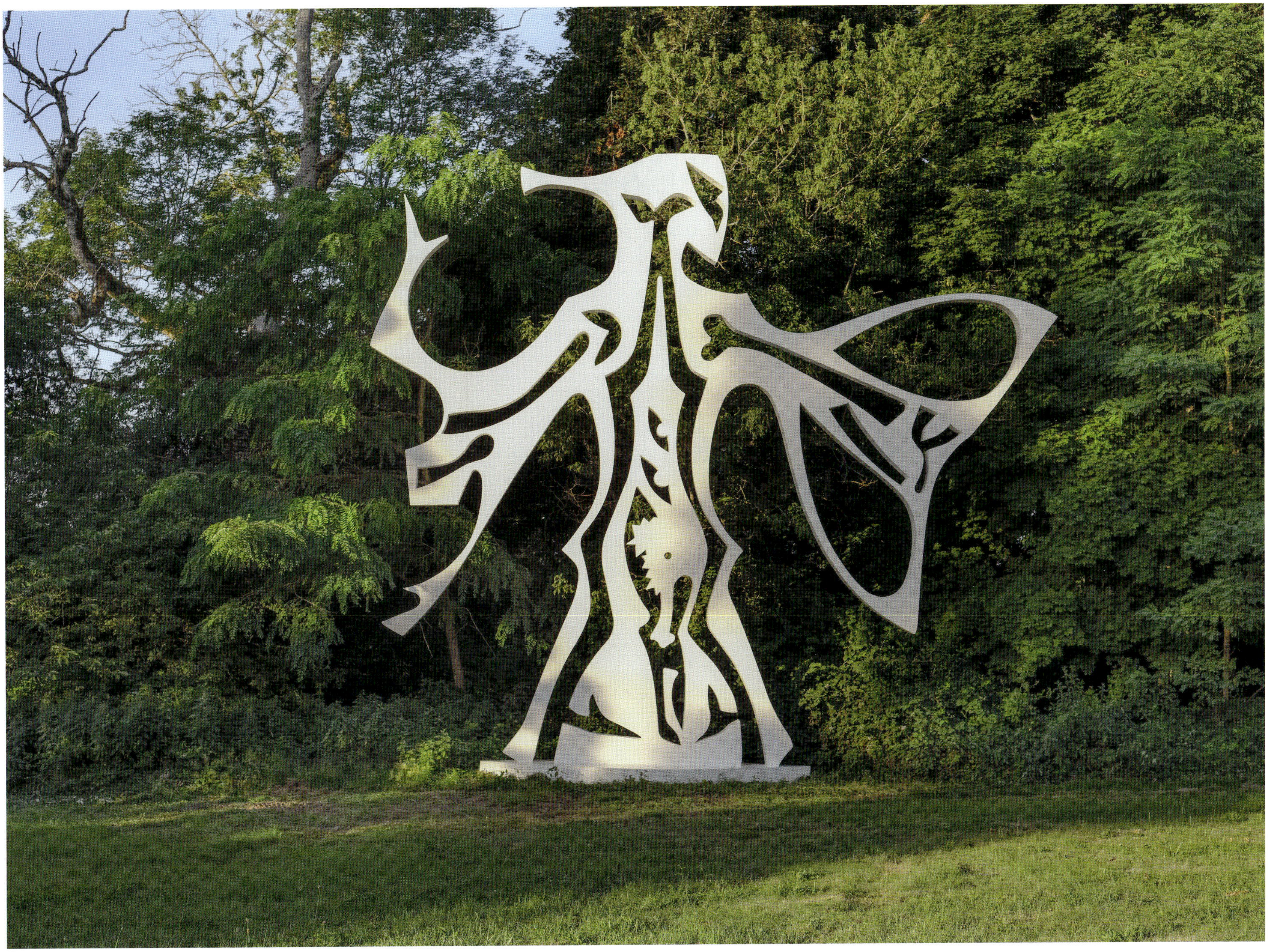

16. *Der Bedenkenträger.*
17. *Mundalins Heimkehr.*

S. 40, 41
18. *Elvira (blau).*
19. *Elivira (rot).*

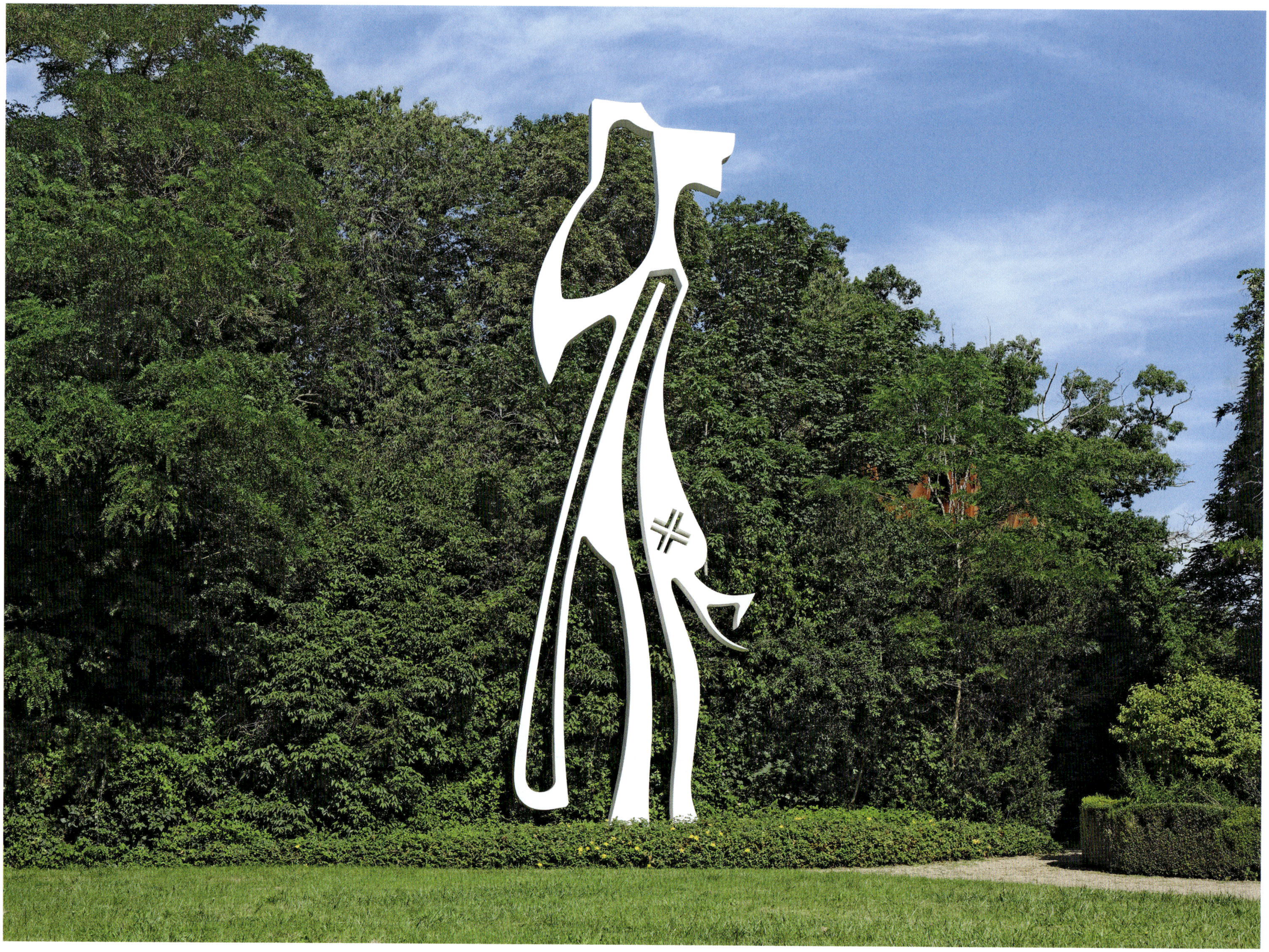

16. *Le Circonspect.*
17. *Le Retour de Mundalin.*

pp. 40, 41
18. *Elvira (bleue).*
19. *Elivira (rouge).*

16. *The Circumspect.*
17. *Mundalin's Return.*

pp. 40, 41
18. *Elvira (blue).*
19. *Elivira (red).*

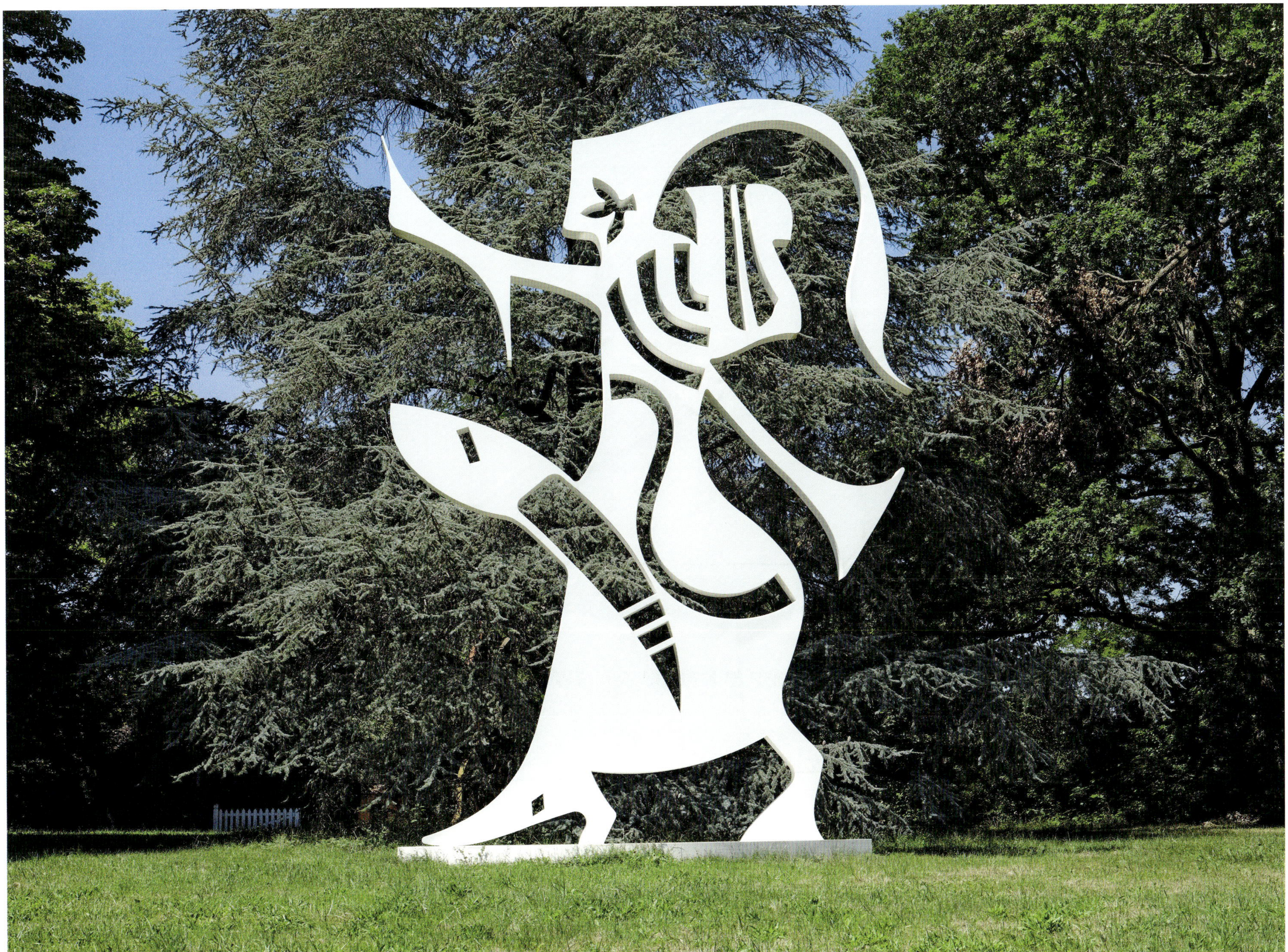

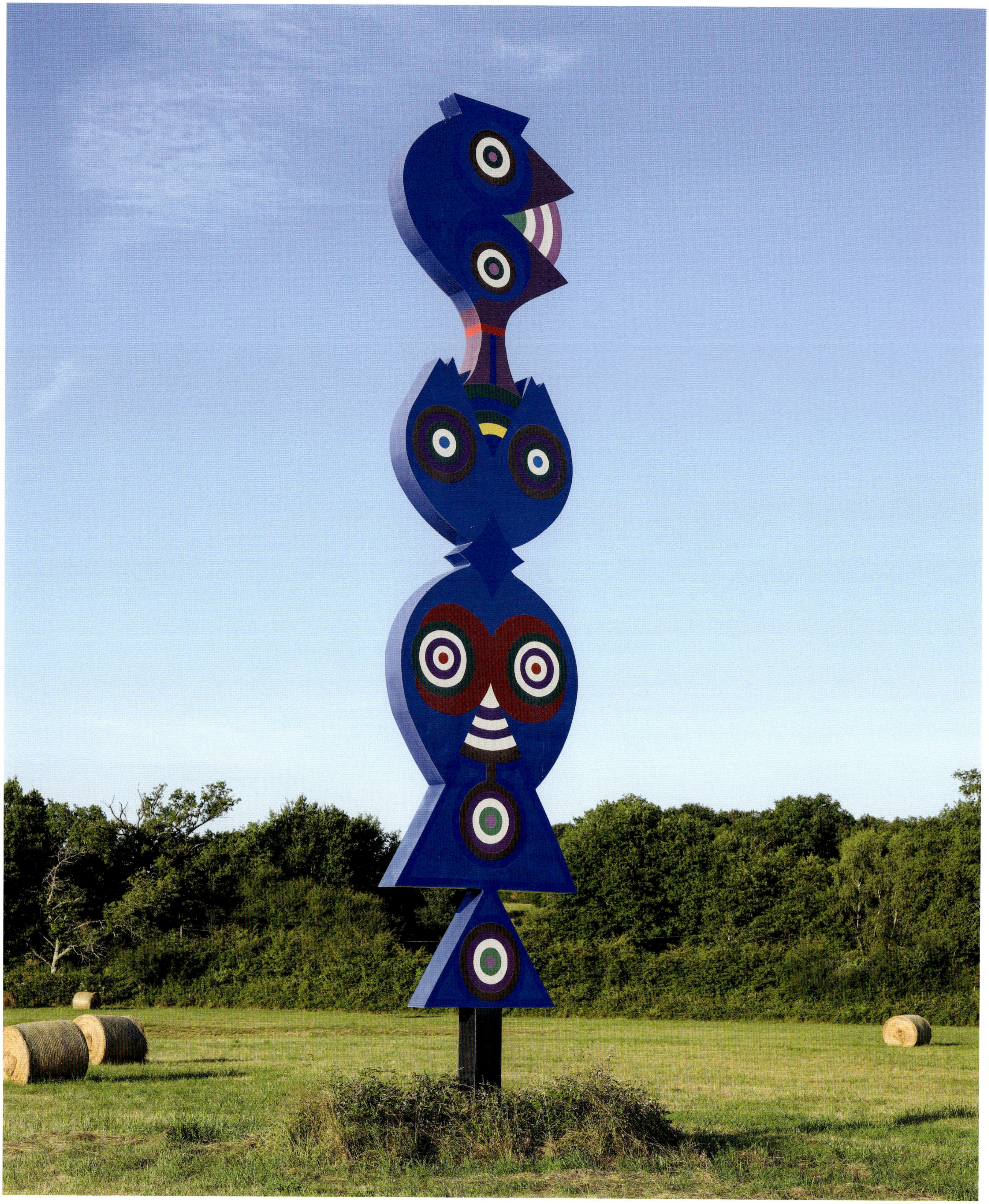

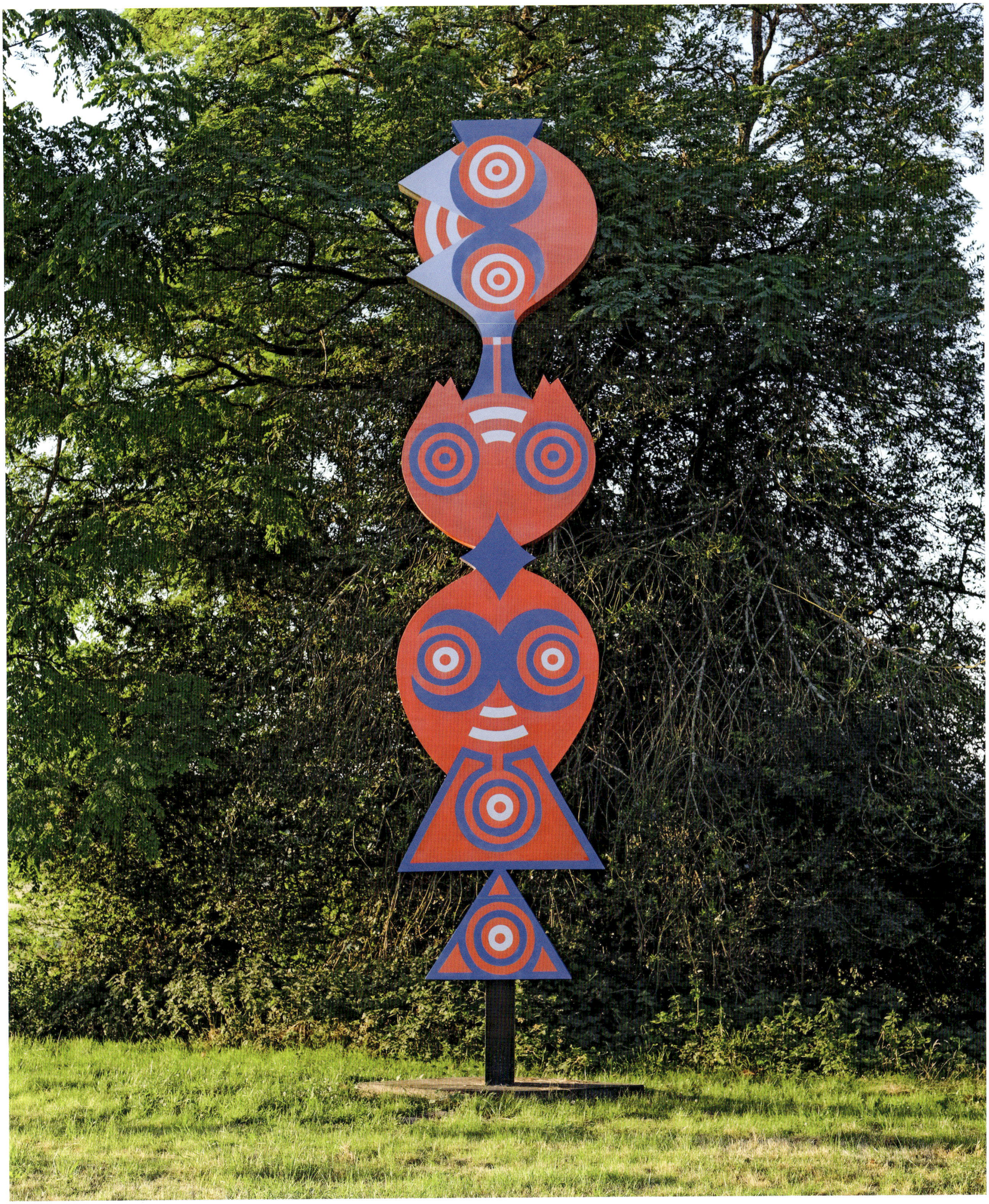

20. *Der liegende Drache.* Photo: Erich Engelbrecht.
21. *Die Pistole und das Opfer*.

S. 44/45
22. Blick vom Park in Richtung Schloß mit insgesamt acht Skulpturen. Im Vordergrund *Der liegende Drache*.

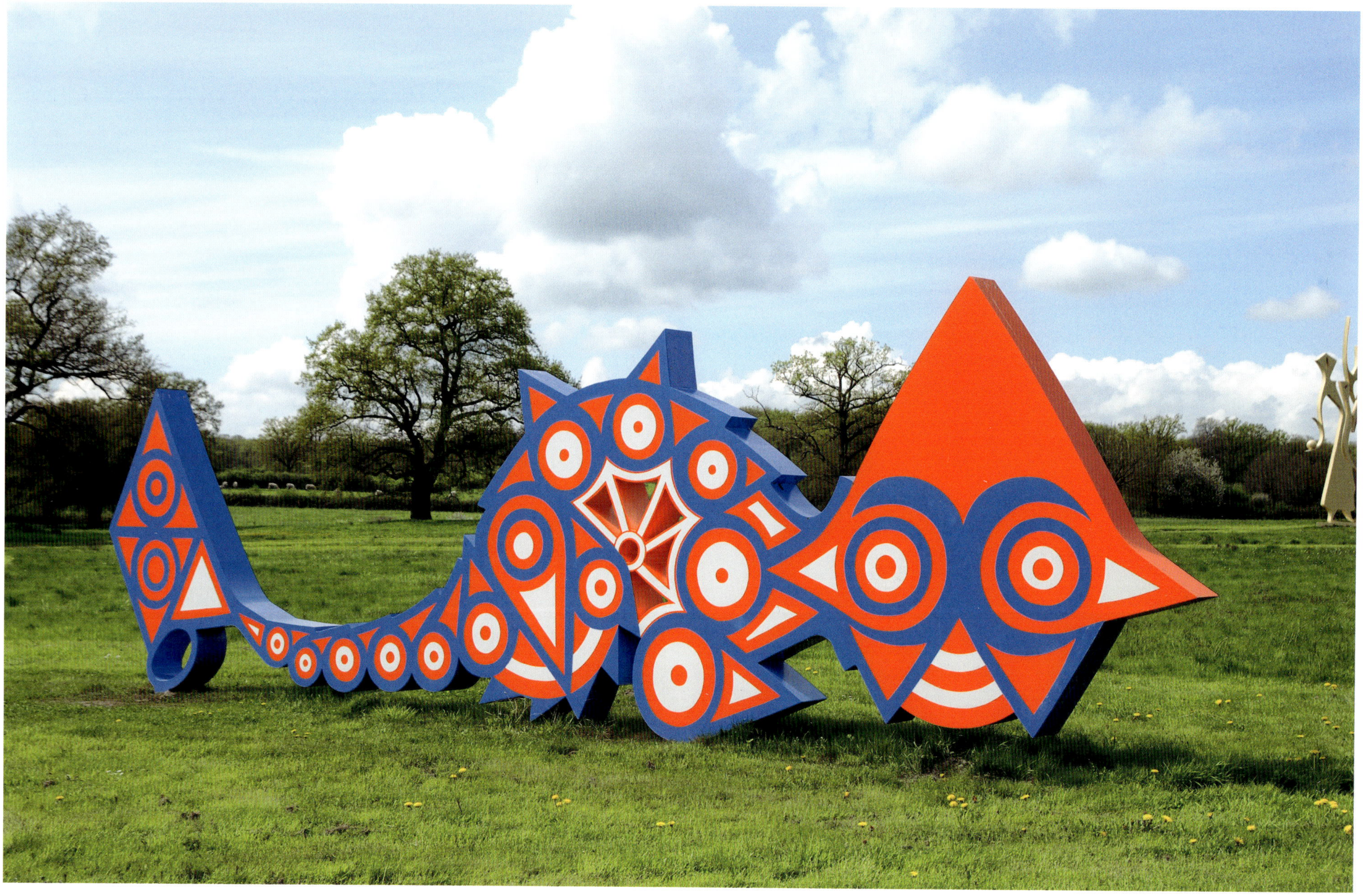

20. *Le Dragon couché.* Photo: Erich Engelbrecht.
21. *Le Pistolet et la victime.*

pp. 44/45
22. Vue du parc vers le château avec un total de huit sculptures. Sur le devant *Le Dragon couché*.

20. *The Lying Dragon.* Photo: Erich Engelbrecht.
21. *The Pistol and the Victim.*

pp. 44/45
22. View from the park towards the château with a total of eight sculptures. In the foreground *The Lying Dragon*.

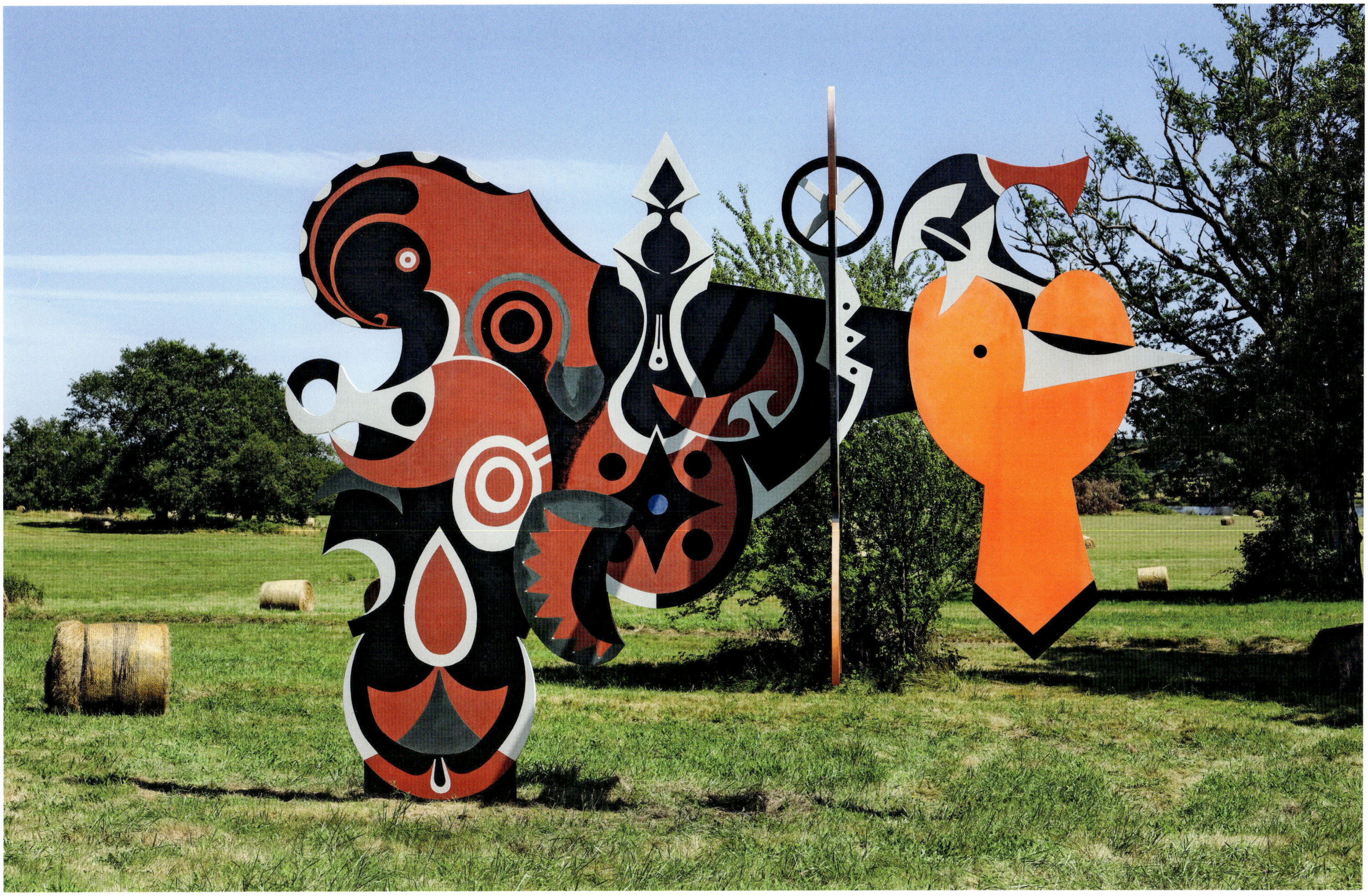

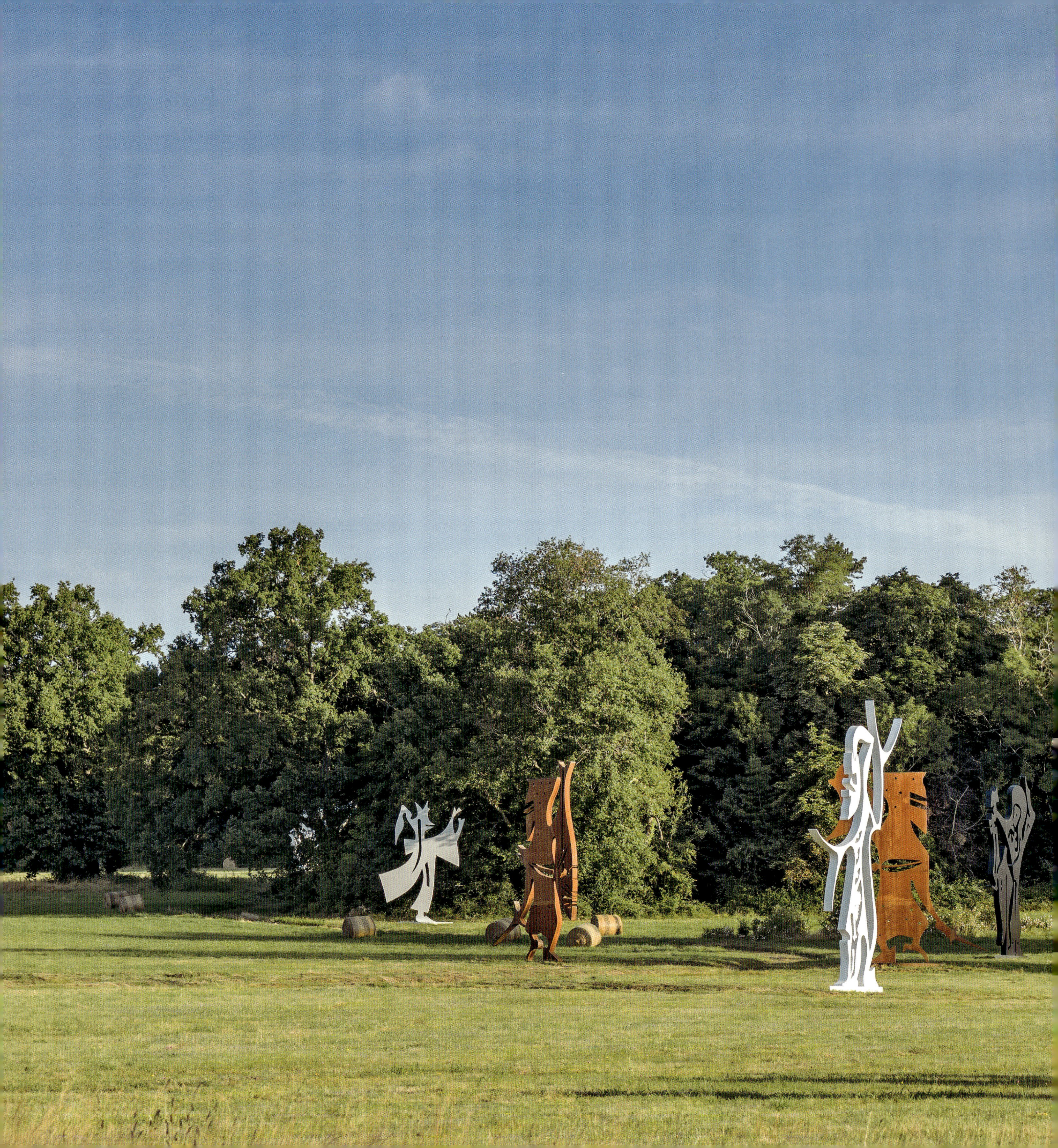

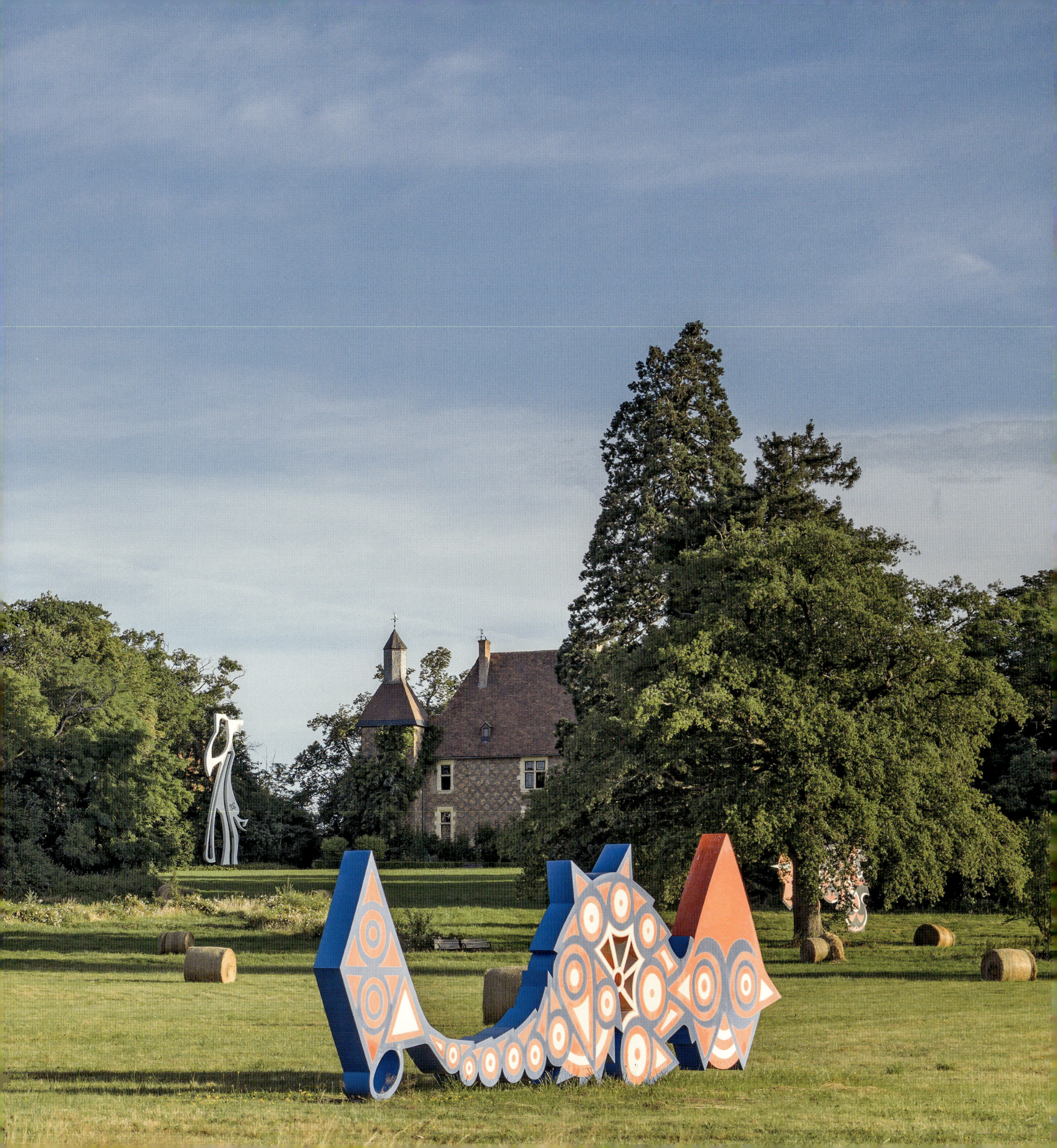

23. Links *Der Beschwörer*, in der Mitte *Der Schreiber*, rechts *Tanzender Berserker. Der Doppelgänger*.
24. *Die Prinzessin und der Drache*, im Hintergrund die beiden großen *Tanzenden Berserker*, *Der Schreiber* und *Der Fuchtler*.

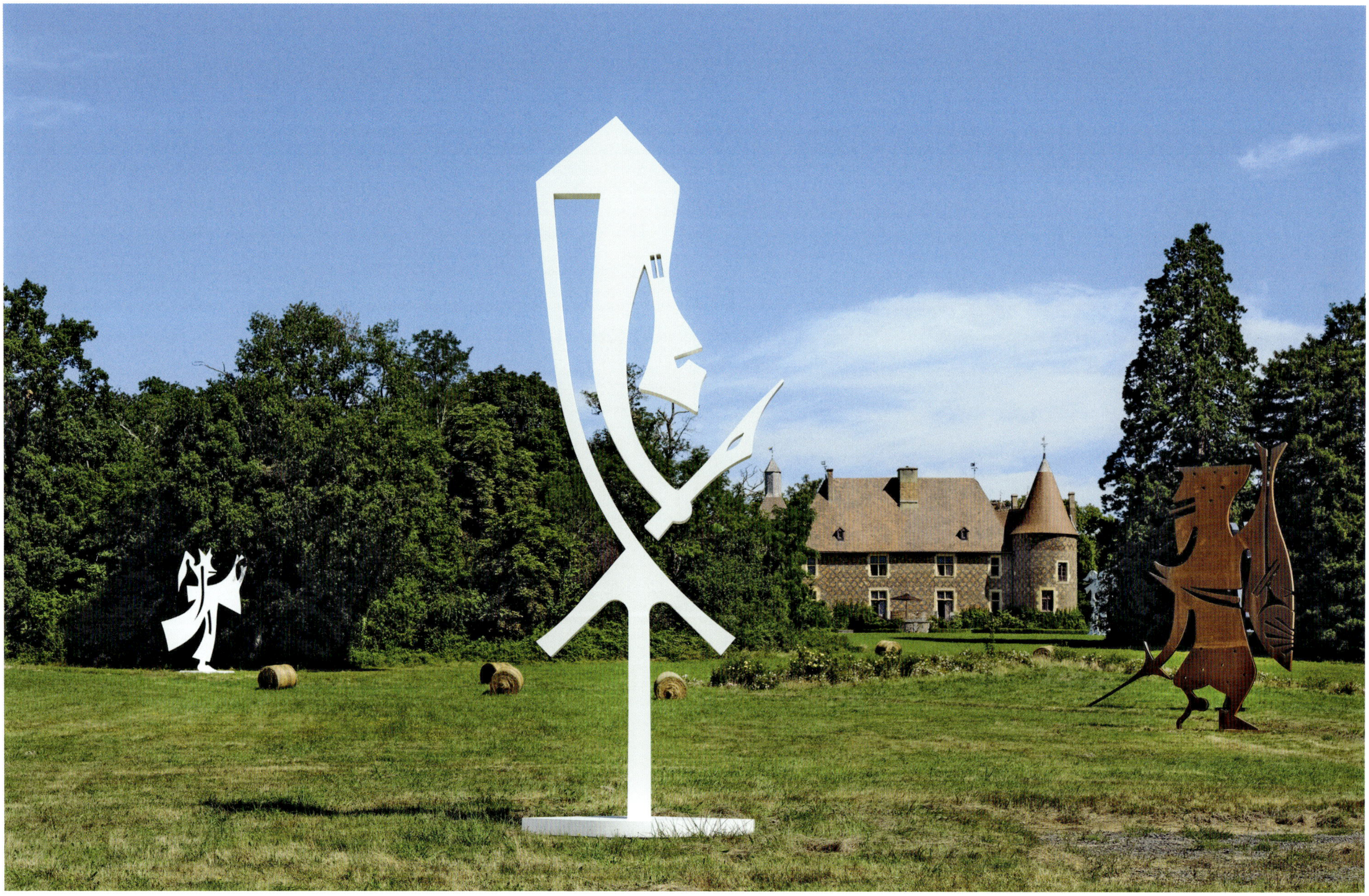

23. A gauche *L'Invoqueur*, au centre *Le Scribe*, à droite *Berserk dansant. Le Sosie*.
24. *La Princesse et le dragon*, à l'arrière les deux grands *Berserks dansants*, *Le Scribe* et *Le Gesticulateur*.

23. On the left *The Invoker*, in the centre *The Scribe*, on the right *Dancing Berserker. The Doppelgänger*.
24. *The Princess and the Dragon*, in the background the two large *Dancing Berserkers*, *The Scribe* and *The Gesticulator*.

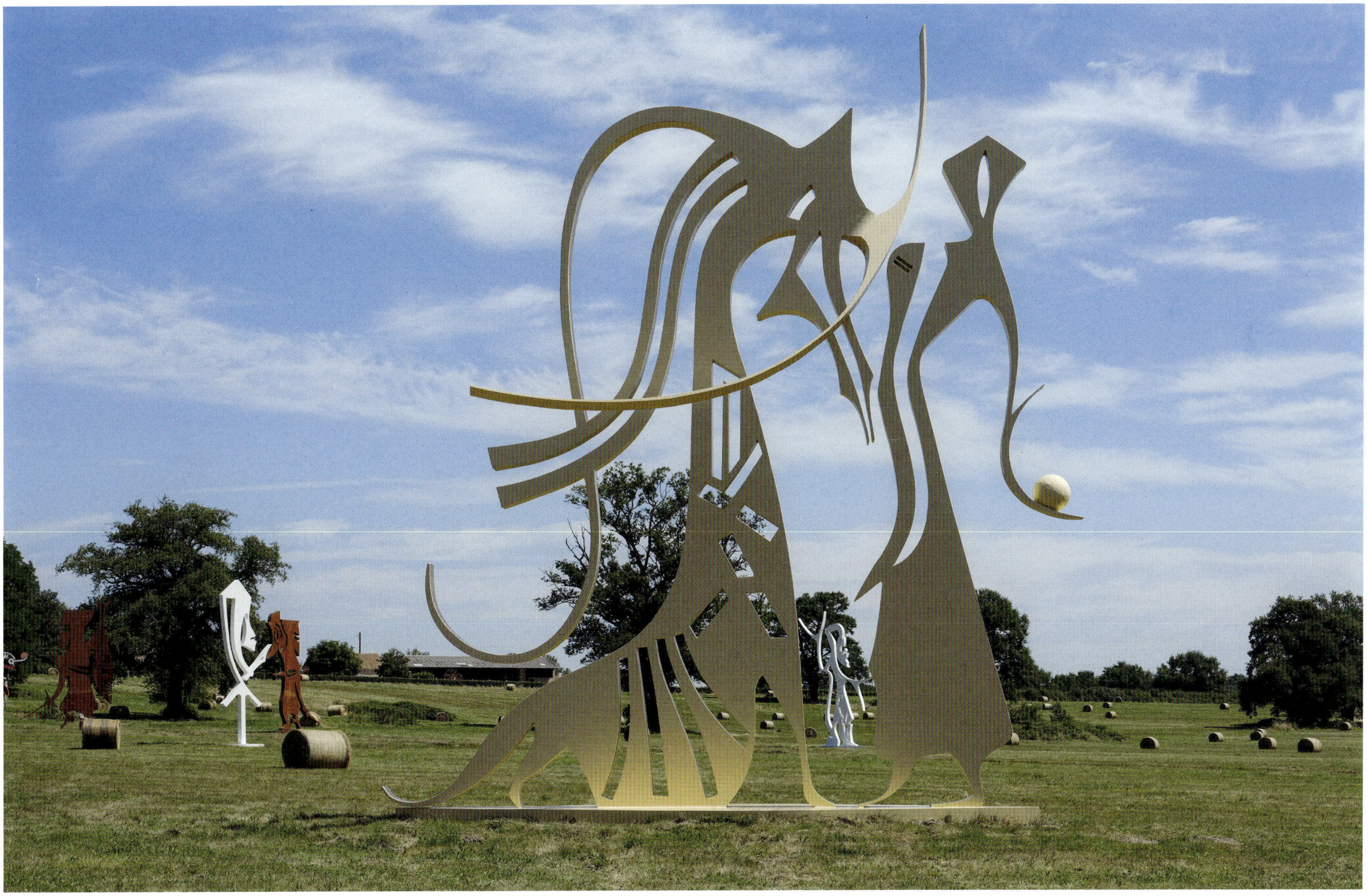

25. Links *Der liegende Drache,* in der Mitte *Die Vernichtung des Elefanten*, rechts *Das Fliegen ist schwer!*
Photo: Sarah Engelbrecht.
26. *Der pferdehalsige König*. Photo: Sarah Engelbrecht.

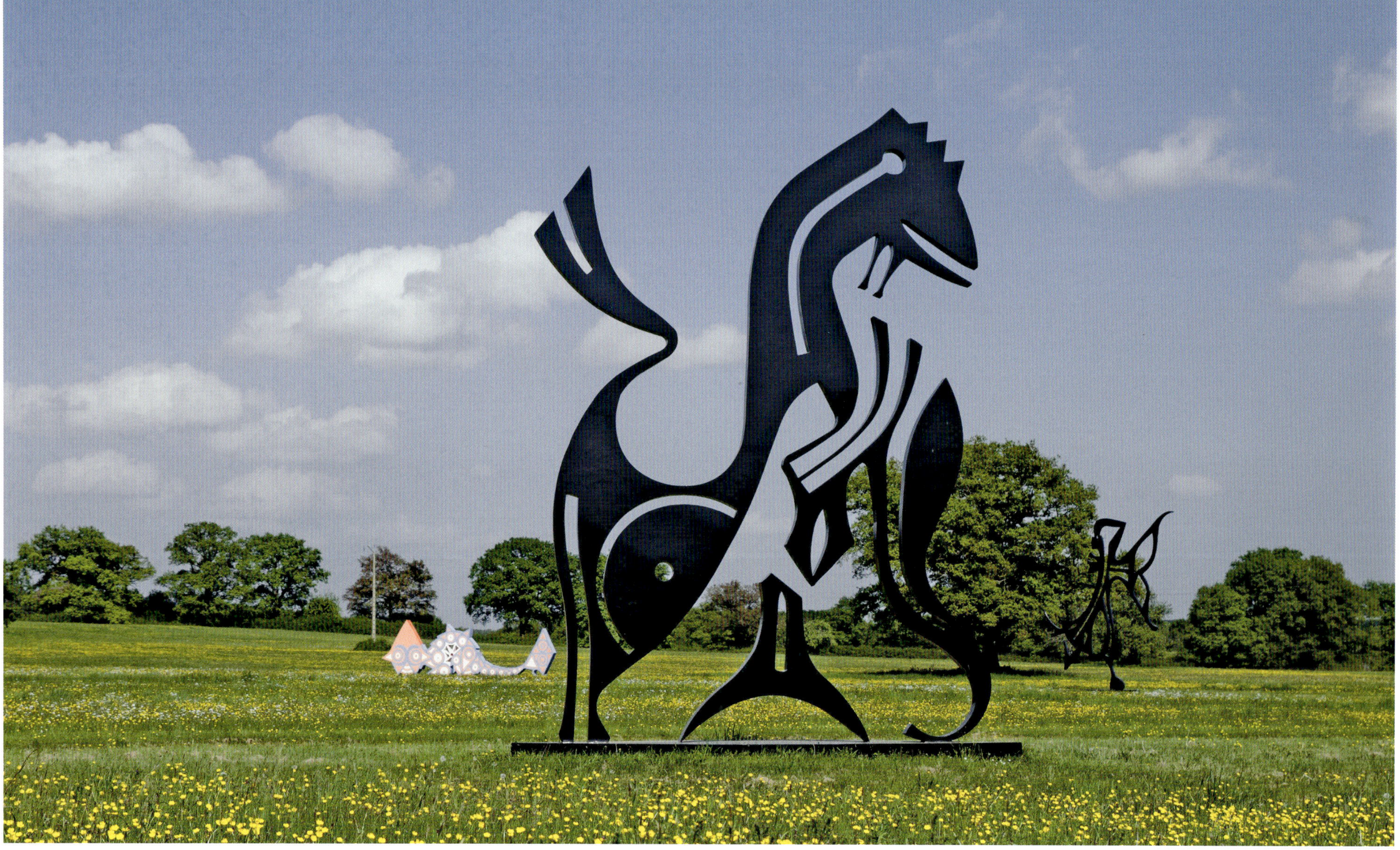

25. A gauche *Le Dragon couché*, au centre *L'Anéantissement de l'éléphant*, à droite *Voler, c'est difficile !* Photo: Sarah Engelbrecht.
26. *Le Roi au cou chevalin*. Photo: Sarah Engelbrecht.

25. On the left *The Lying Dragon,* in the centre *The Annihilation of the Elephant*, on the right *Flying is Difficult !* Photo: Sarah Engelbrecht.
26. *The Horse-Necked King*. Photo: Sarah Engelbrecht.

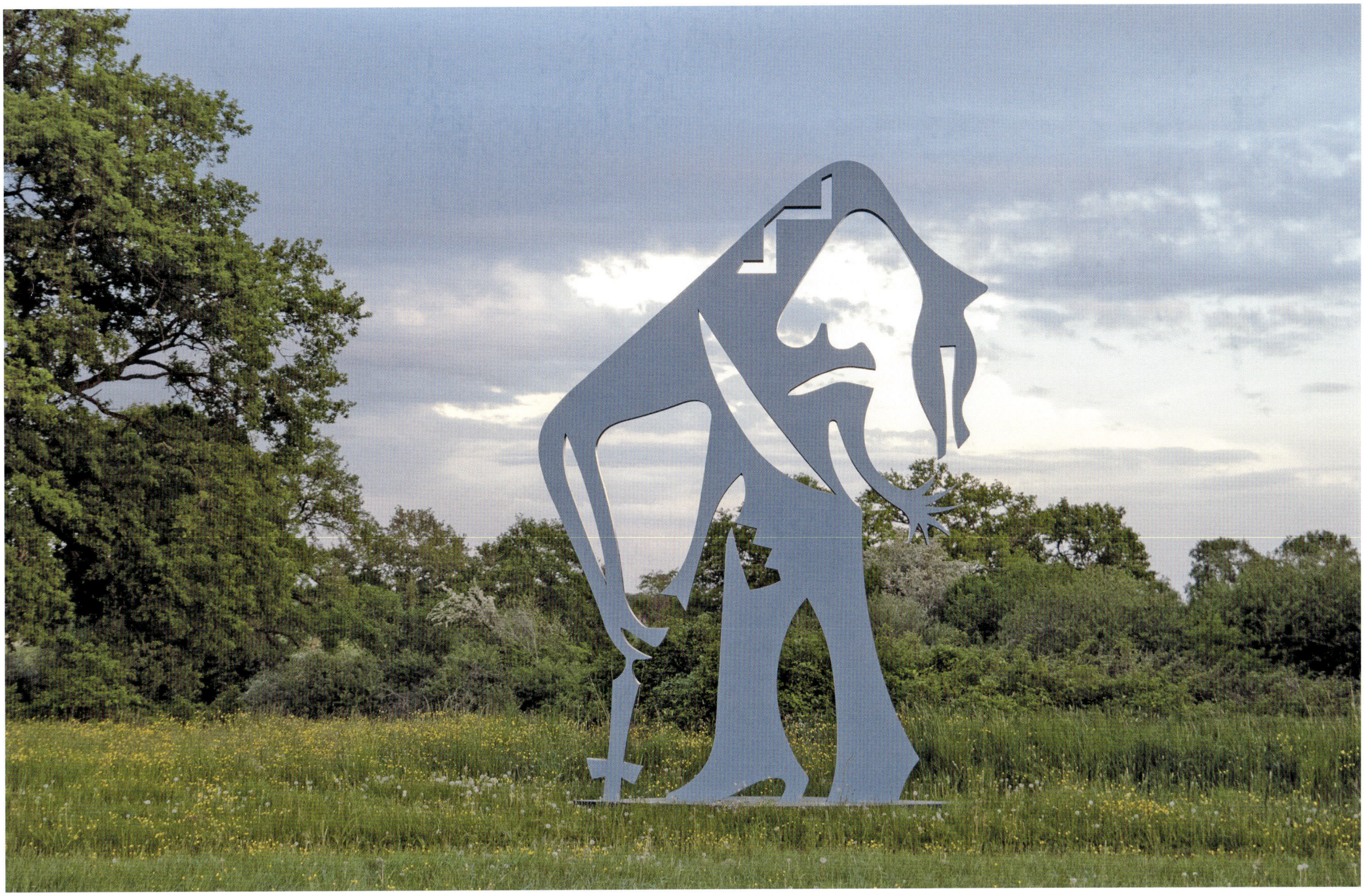

27. *Das Fliegen ist schwer!* Photo: Sarah Engelbrecht.
28. Im Hintergrund *Die Vernichtung des Elefanten* und *Die Prinzessin und der Drache*, vorn rechts *Der Fuchtler*.

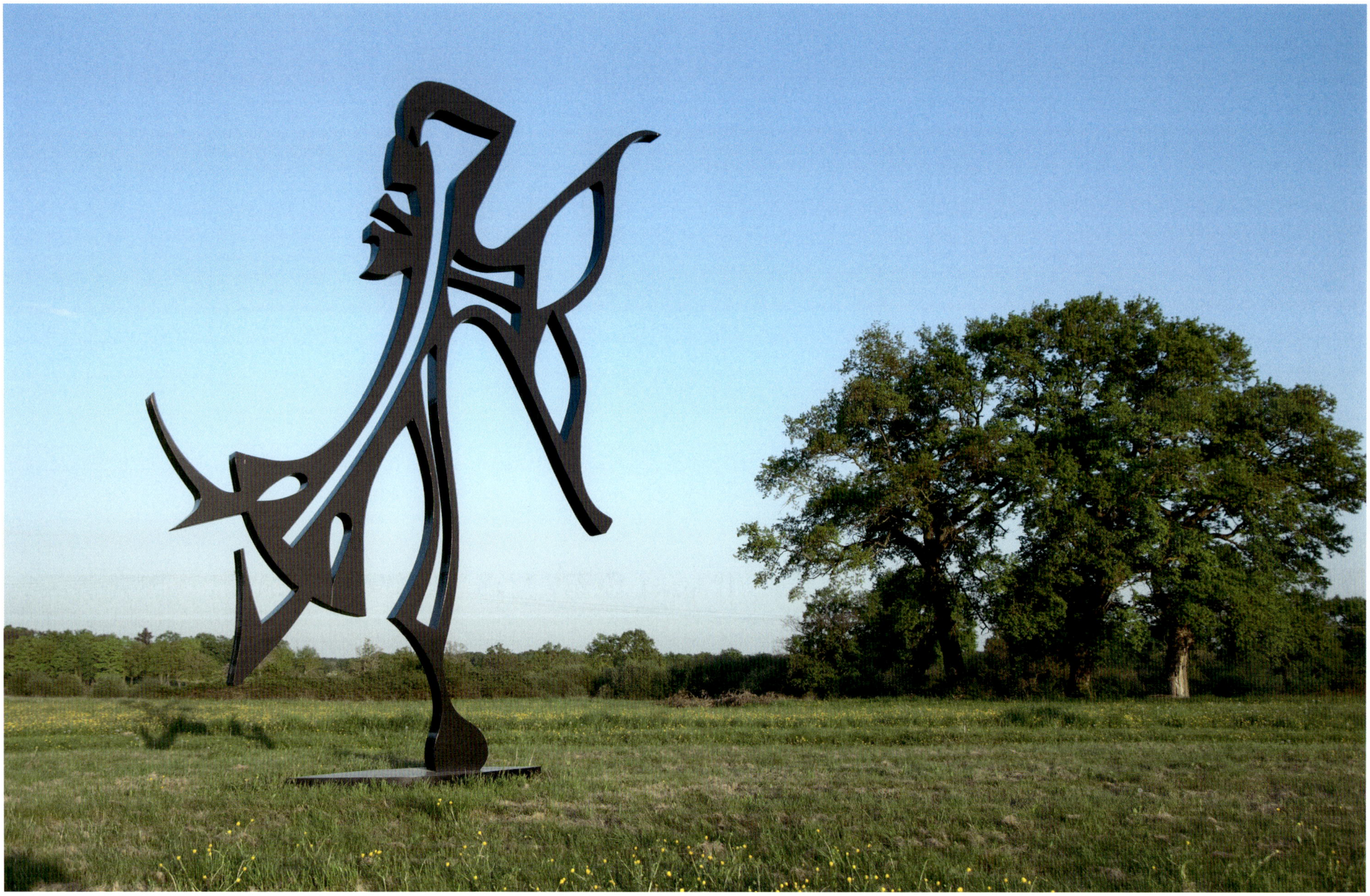

27. *Voler, c'est difficile !* Photo: Sarah Engelbrecht.
28. A l'arrière *L'Anéantissement de l'éléphant* et *La Pricesse et le dragon*, sur le devant à droite *Le Gesticulateur*.

27. *Flying is difficult !* Photo: Sarah Engelbrecht.
28. In the background *The Annihilation of the Elephant* and *The Princess and the Dragon*, in front right *The Gesticulator*.

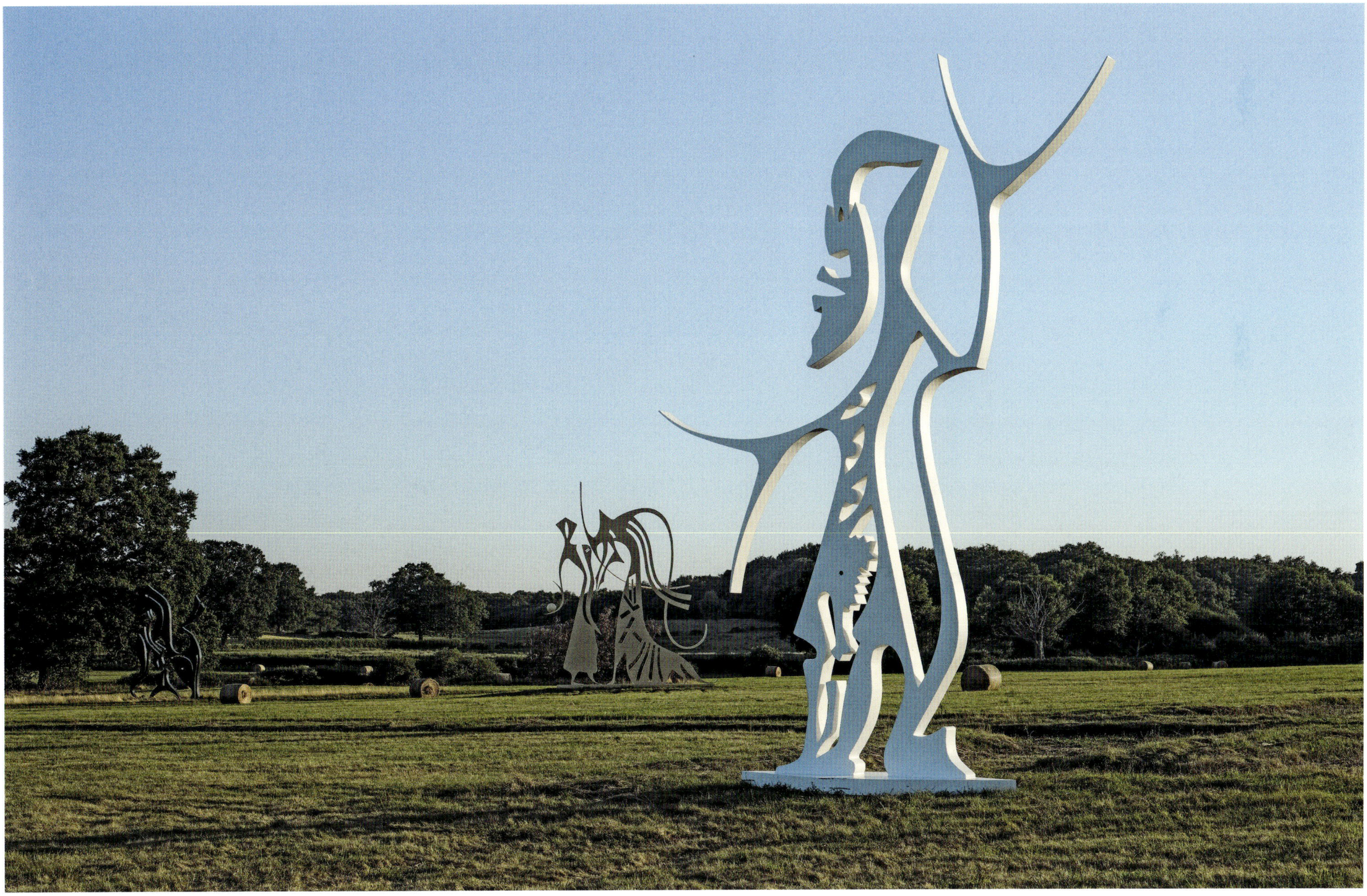

29. *Der Ritter mit der Ente.*
30. *Hat der Mann ein Schwein!*

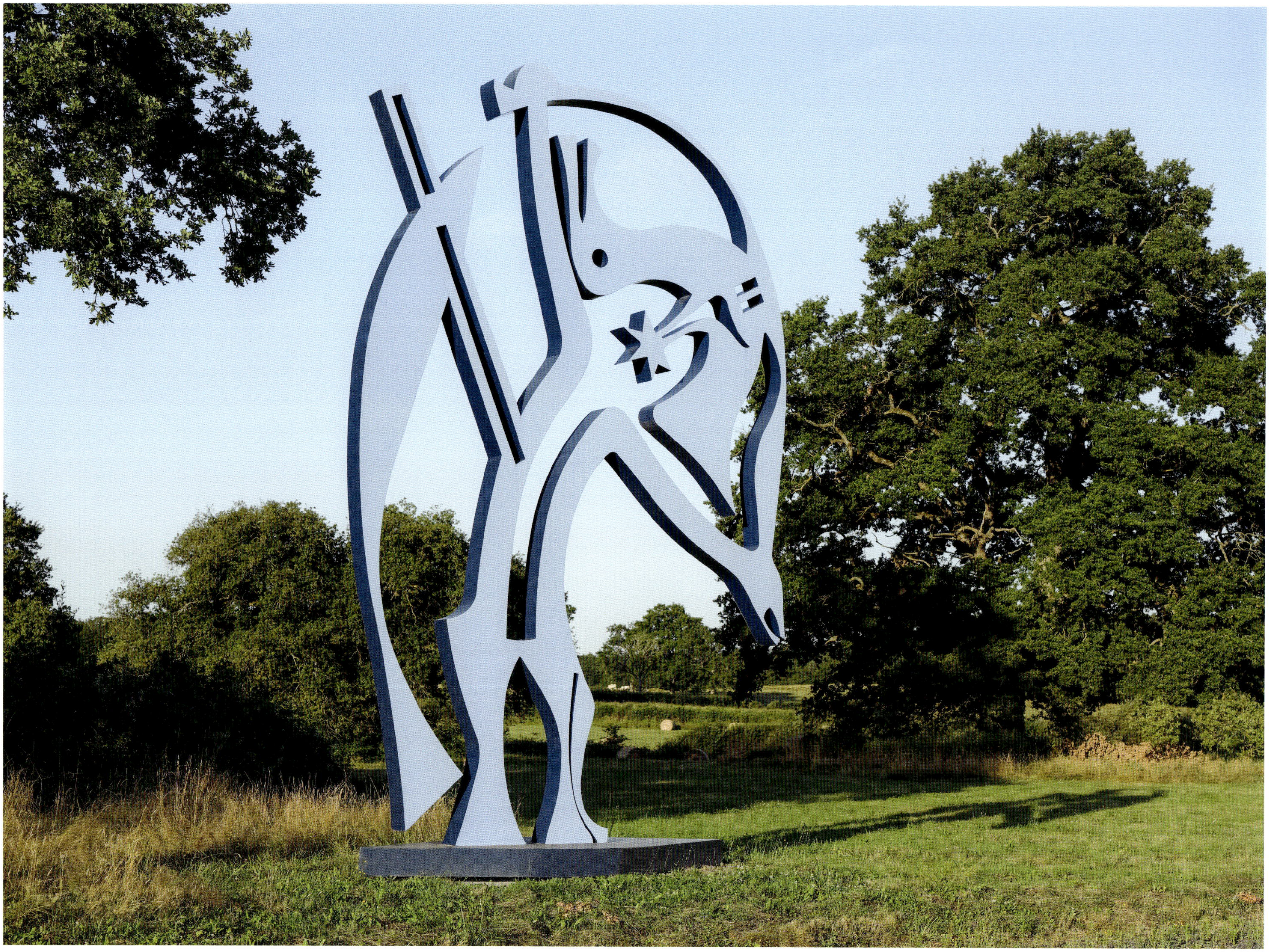

29. *The Chevalier avec le canard.*
30. *Quel chanceux cochon!*

29. *The Knight with the Duck.*
30. *What a Lucky Swine!*

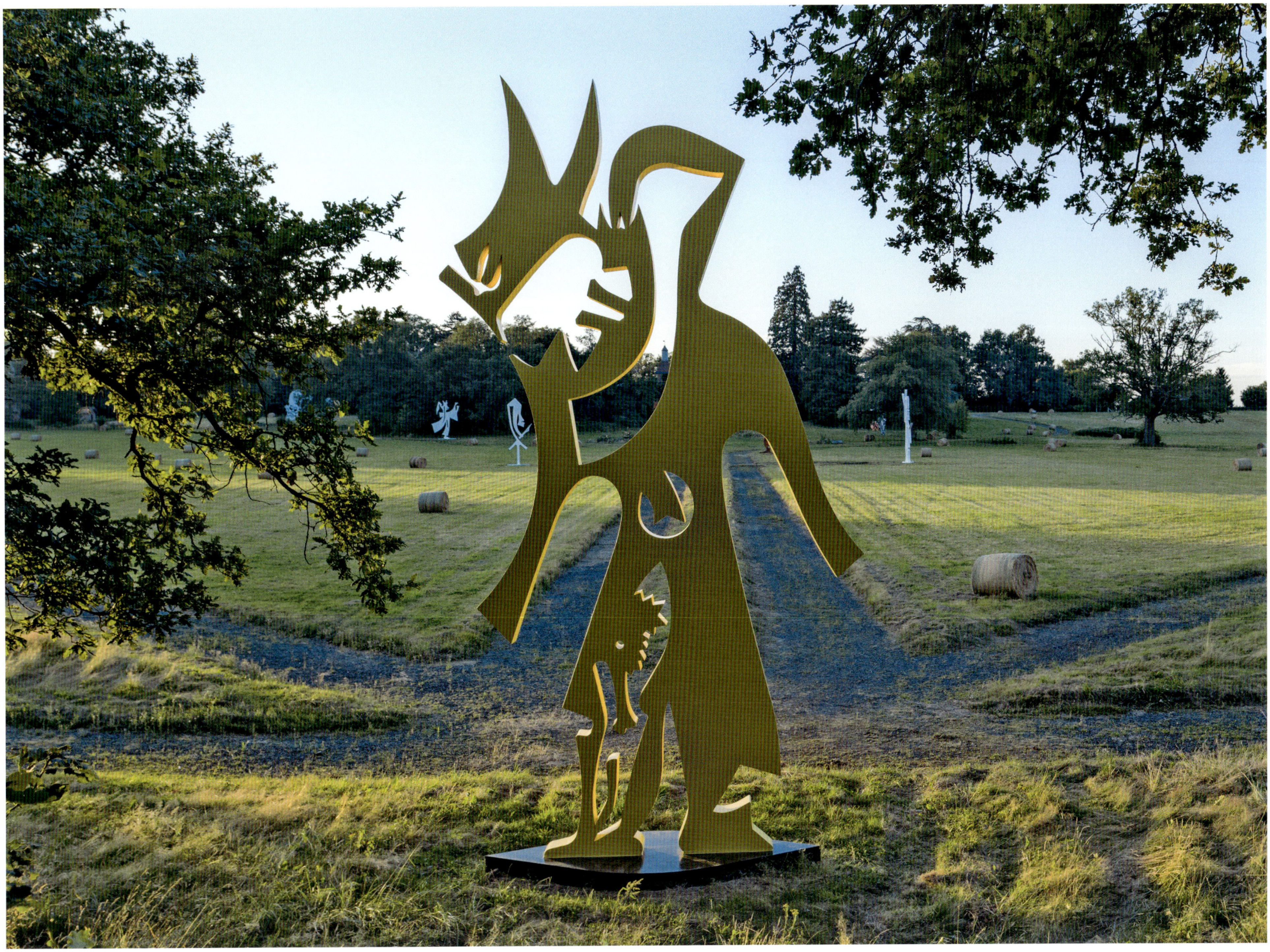

31. Vorn links *Tanzender Berserker. Der Doppelgänger*, im Hintergrund *Der Schreiber* und *Die Prinzessin und der Drache*.
32. *Die Lektion*, im Hintergrund *Elvira (blau)*. Photo: Sarah Engelbrecht.

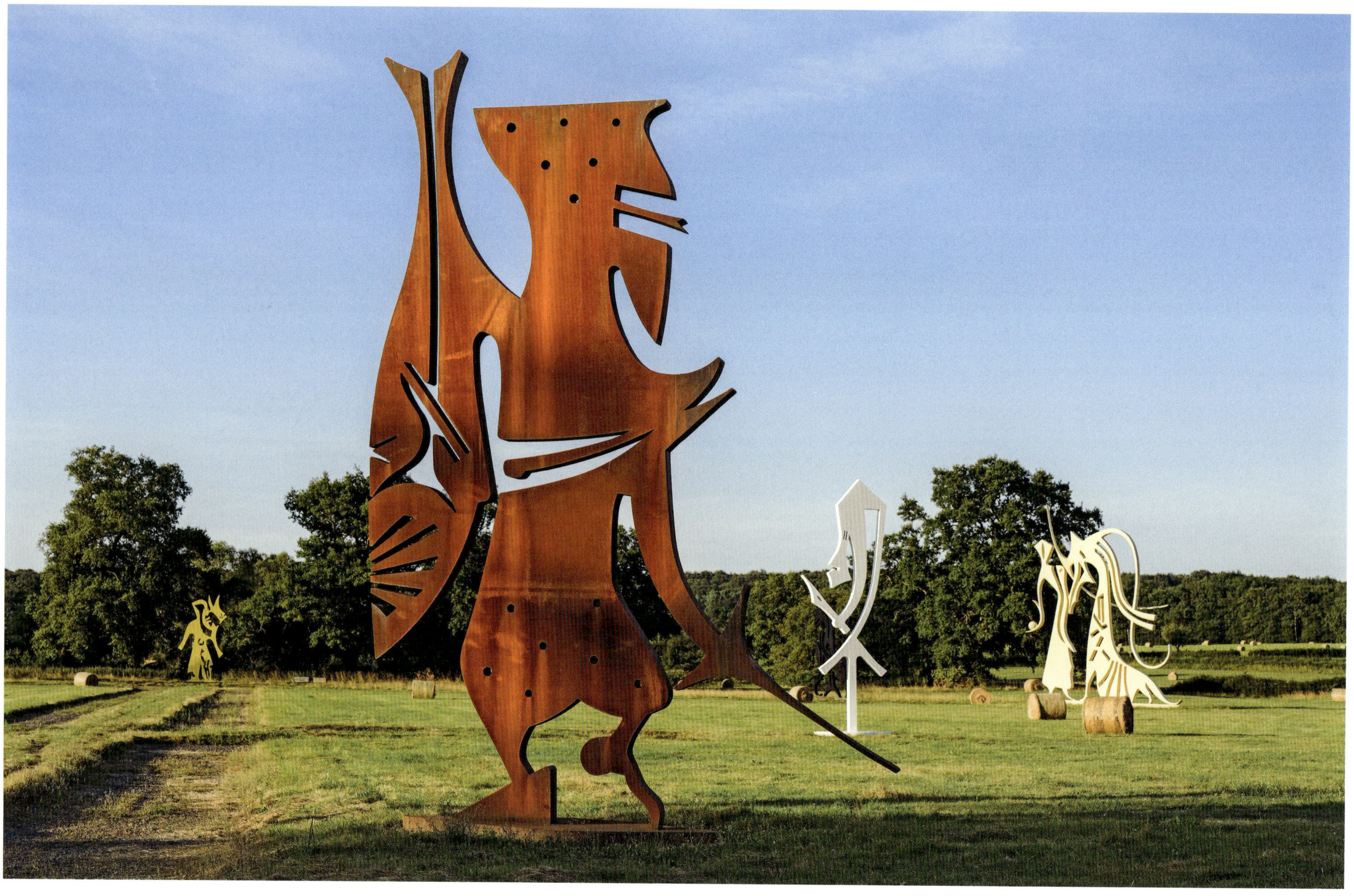

31. *Sur le devant à gauche Berserk dansant. Le Sosie*, à l'arrière *Le Scribe* et *La Princesse et le dragon*.
32. *La Leçon*, à l'arrière *Elvira (bleu)*. Photo: Sarah Engelbrecht.

31. In front left *Dancing Berserker. The Doppelgänger*, in the background *The Scribe* and *The Princess and the Dragon*.
32. *The Lesson*, in the background *Elvira (blue)*. Photo: Sarah Engelbrecht.

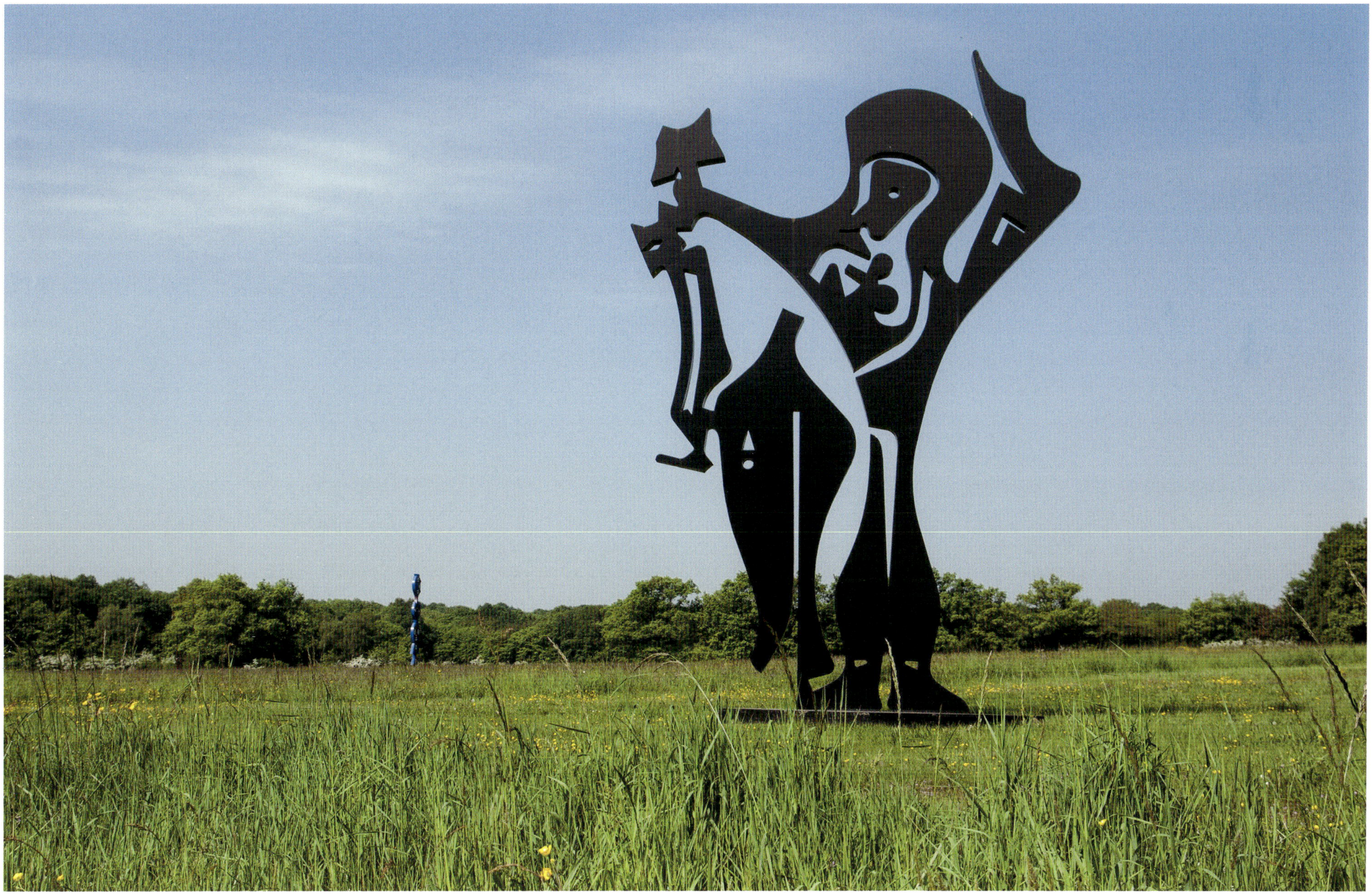

33. Links *Die Quälerei*, rechts *Die Anklägerin*. Photo: Sarah Engelbrecht.
34. *Der Beschwörer.* Photo: Sarah Engelbrecht.

S. 58/59
35. Schloßallee mit *Tanzendem Berserker. Der Doppelgänger* (links) und *Tanzendem Berserker. Der Abendgänger* (rechts).

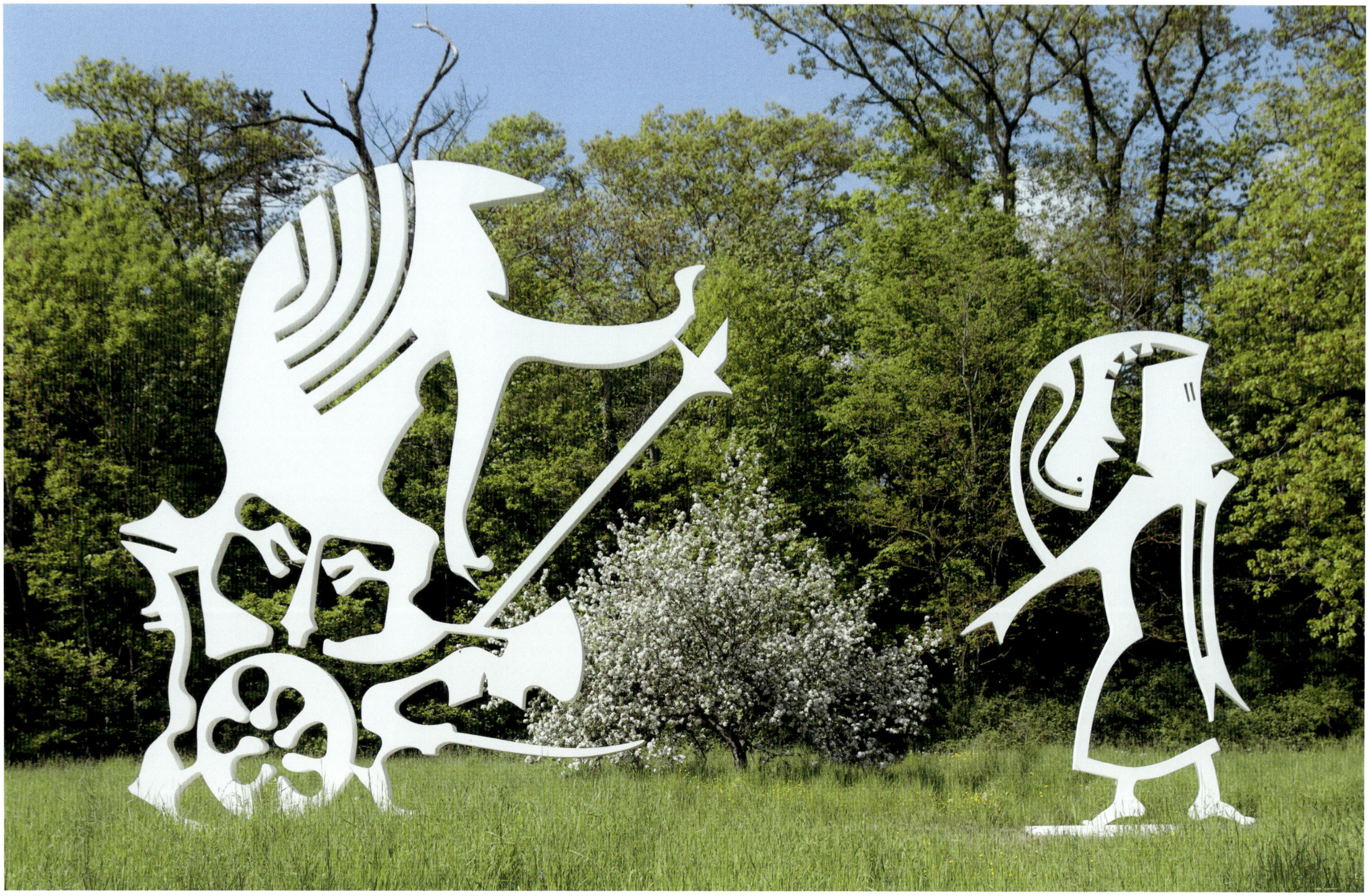

33. A gauche *L'Harcèlement*, à droite *L'Accusatrice.* Photo: Sarah Engelbrecht.
34. *L'Invoqueur.* Photo: Sarah Engelbrecht.

pp. 58/59
35. Allée du château avec *Berserk dansant. Le Sosie* (à gauche) et *Berserk dansant. Le Marcheur de nuit* (à droite).

33. On the left *The Ordeal*, on the right *The Accuser*. Photo: Sarah Engelbrecht.
34. *The Invoker.* Photo: Sarah Engelbrecht.

pp. 58/59
35. Château avenue with *Dancing Berserker. The Doppelgänger* (on the left) and *Dancing Berserker. The Night Walker* (on the right).

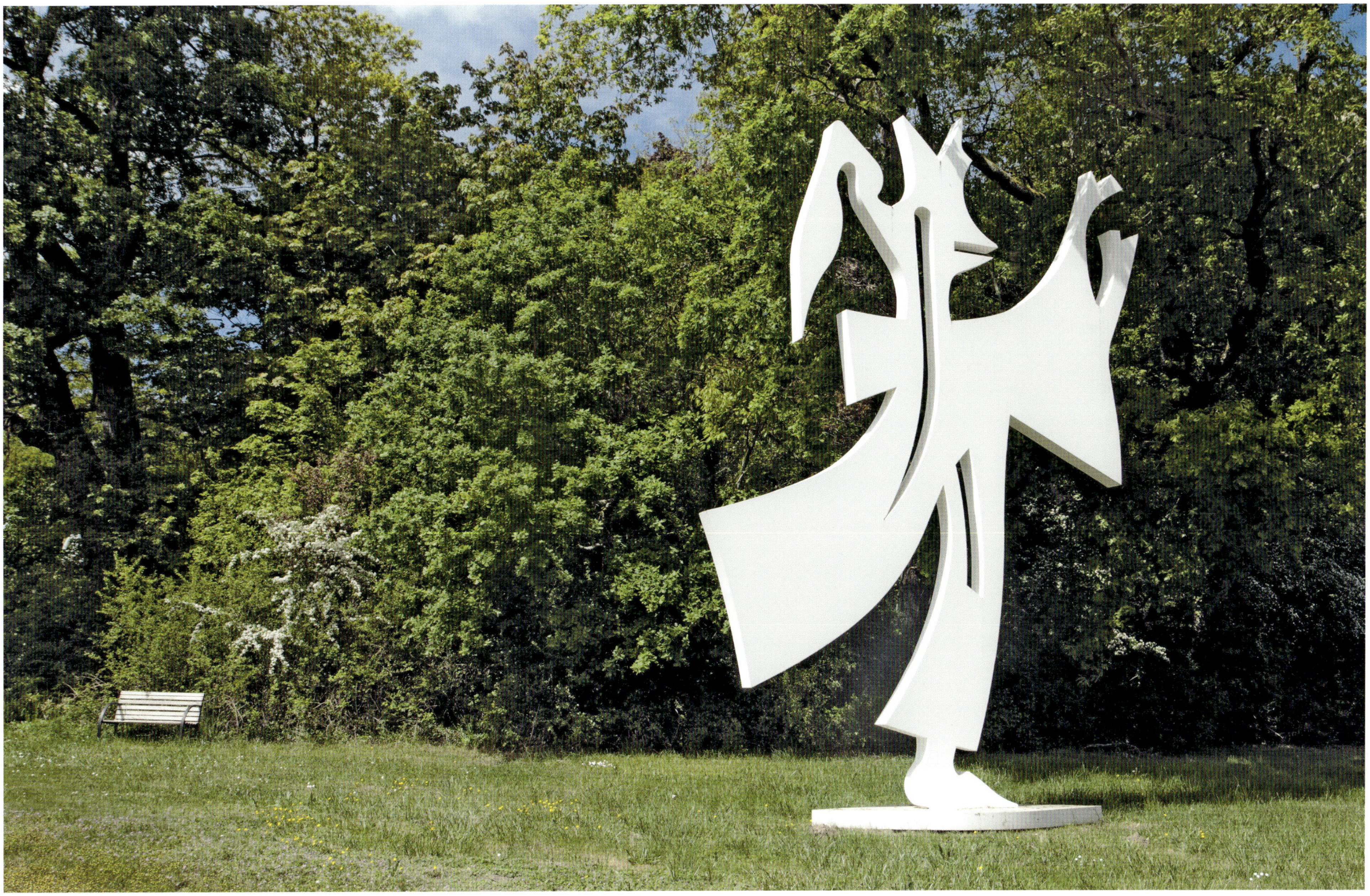

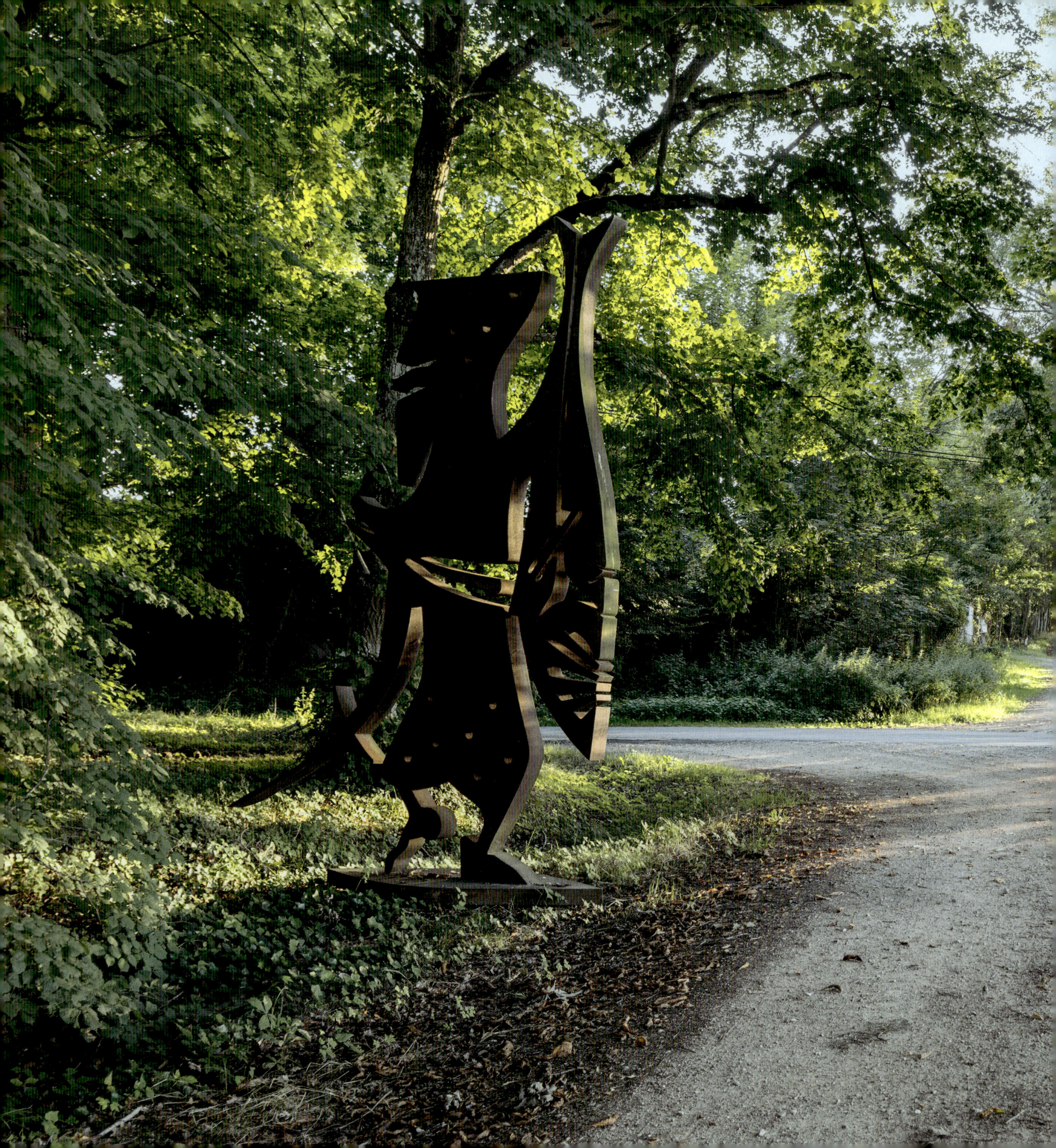

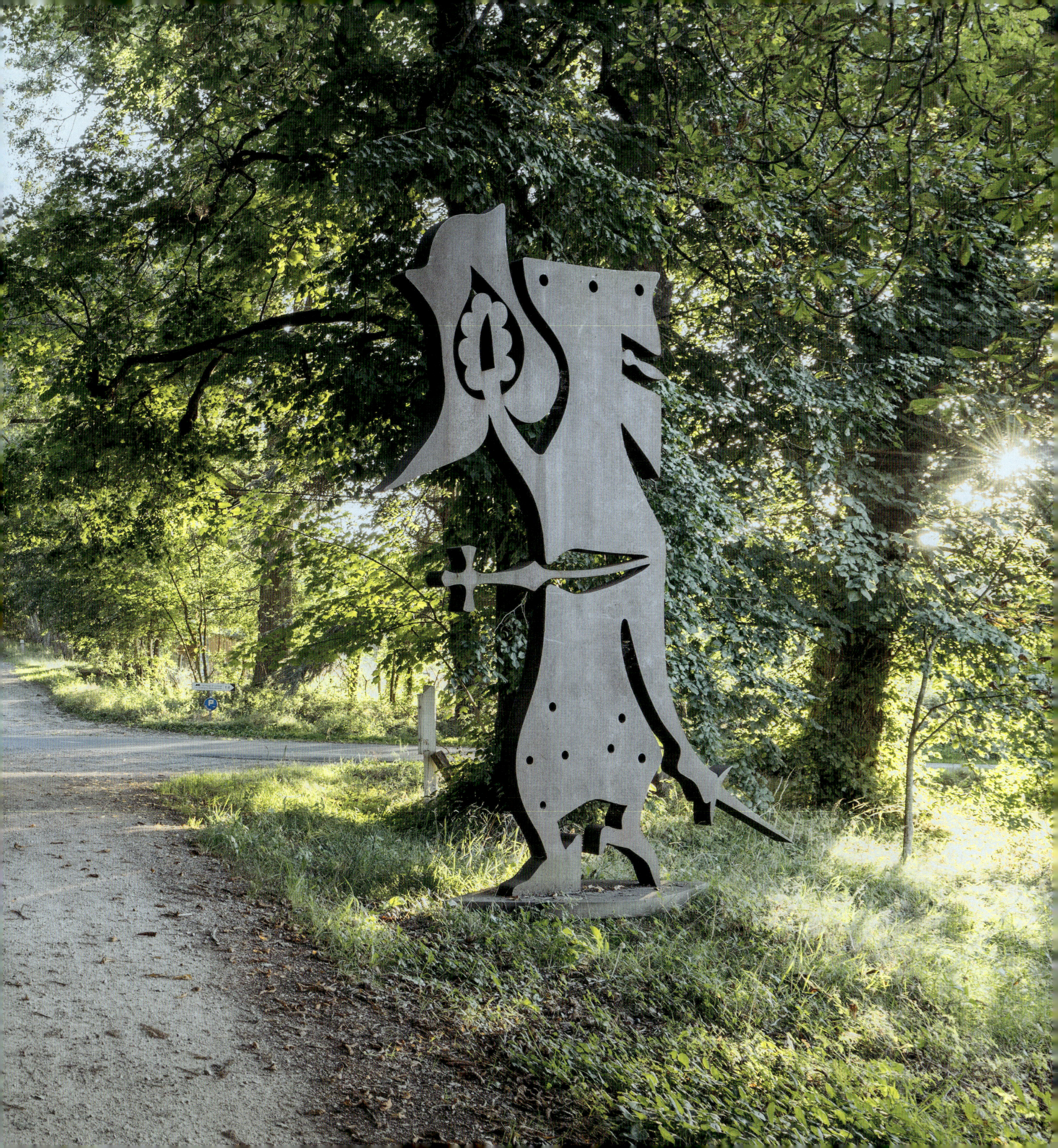

Liste der Sculpturen im Park

***Die Anklägerin*, I**
2006, 5,0 x 2,8 x 0,16 m, 6,32 t, Baustahl, weiß lackiert. Metallarbeiten: Jebens GmbH, Korntal-Münchingen; Lackierarbeiten: Klaus Strauch, Gütersloh.
(Seite 56)

Der Bedenkenträger
2004, 12,0 x 3,8 x 0,35 m, 45,9 t, Baustahl, weiß lackiert. Metallarbeiten: von Schaewen AG, Essen; Lackierarbeiten: Klaus Strauch, Gütersloh.
(Seiten 35, 38, 45)

***Der Beschwörer*, I**
2005, 7,0 x 4,9 x 0,23 m, 24,16 t, Baustahl, weiß lackiert. Metallarbeiten: Jebens GmbH, Korntal-Münchingen; Lackierarbeiten: Klaus Strauch, Gütersloh.
(Seiten 44/45, 46, 57)

Elvira (blau)
2009, 11,0 x 2,3 x 0,30 m, 40,36 t, Baustahl, mehrfarbig lackiert). Metallarbeiten: von Schaewen AG, Essen; Lackierarbeiten: Klaus Strauch, Gütersloh.
(Seiten 40, 55)

Elvira (rot)
2006, 7,8 x 1,7 x 0,23 m, 15,57 t, Baustahl, mehrfarbig lackiert. Metallarbeiten: von Schaewen AG, Essen; Lackierarbeiten: Heinz Winter, Borgholzhausen.
(Seite 41)

Er wirft sich in die Brust
2002, 7,0 x 3,5 x 0,25 m, 13,75 t, Baustahl, unbehandelt. Metallarbeiten: von Schaewen AG, Essen.
(Seite 32)

Das Fliegen ist schwer!
2006, 7,2 x 5,4 x 0,23 m, 12,98 t, Baustahl, schwarz lackiert. Metallarbeiten: Jebens GmbH, Korntal-Münchingen; Lackierarbeiten: Klaus Strauch, Gütersloh.
(Seiten 48, 50)

Der Fuchtler
2006, 7,8 x 5,6 x 0,24 m, 15,38 t, Baustahl, weiß lackiert. Metallarbeiten: von Schaewen AG, Essen; Lackierarbeiten: Klaus Strauch, Gütersloh.
(Seiten 44/45, 47, 51)

Hat der Mann ein Schwein!
2006, 7,5 x 4,0 x 0,23 m, 21,84 t, Baustahl, gelb lackiert. Metallarbeiten: von Schaewen AG, Essen; Lackierarbeiten: Klaus Strauch, Gütersloh.
(Seite 53)

***Häuptling Scharfe Zunge*, II**
2004, 7,0 x 5,4 x 0,23 m, 29,52 t, Baustahl, weiß lackiert. Metallarbeiten: von Schaewen AG, Essen; Lackierarbeiten: Klaus Strauch, Gütersloh.
(Seiten 34/35, 36)

Hinfällig
2004, 7,0 x 5,47 x 0,23 m, 28,26 t, Baustahl, schwarz lackiert. Metallarbeiten: von Schaewen AG, Essen; Lackierarbeiten: Klaus Strauch, Gütersloh.
(Seiten 23, 31)

Ikarus
2004, 9,0 x 9,9 x 0,30 m, 61,45 t, Baustahl, weiß lackiert. Metallarbeiten: von Schaewen AG, Essen; Lackierarbeiten: Klaus Strauch, Gütersloh.
(Seiten 34/35, 36, 37)

***Die Lektion*, I**
2006, 8,0 x 5,4 x 0,26 m, 37,32 t, Baustahl, schwarz lackiert. Metallarbeiten: von Schaewen AG, Essen; Lackierarbeiten: Klaus Strauch, Gütersloh.
(Seiten 44/45, 55)

Der liegende Drache
2006, 2,9 x 9,1 x 0,28 m, 23,99 t, Baustahl, farbig lackiert. Metallarbeiten: Jebens GmbH, Korntal-Münchingen; Lackierarbeiten: Klaus Strauch, Gütersloh, und Heinz Winter, Borgholzhausen.
(Seiten 42, 45, 48)

Mundalins Heimkehr
2005, 9,0 x 6,4 x 0,30 m, 56,64 t, Baustahl, weiß lackiert. Metallarbeiten: von Schaewen AG, Essen; Lackierarbeiten: Klaus Strauch, Gütersloh.
(Seite 39)

***Der pferdehalsige König*, IV**
2006, 7,0 x 4,9 x 0,23 m, 27,73 t, Baustahl, in zwei Blautönen lackiert. Metallarbeiten: Jebens GmbH, Korntal-Münchingen; Lackierarbeiten: Klaus Strauch, Gütersloh.
(Seite 49)

Die Pistole und das Opfer
2005, 5,3 x 7,0 (3,3) x 0,055 m, 9,73 t, Baustahl farbig lackiert. Metallarbeiten: Jebens GmbH, Korntal-Münchingen; Lackierarbeiten: Klaus Strauch, Gütersloh, und Heinz Winter, Borgholzhausen.
(Seite 43)

***Die Prinzessin und der Drache*, III**
2007, 11,6 x 9,9 x 0,32 m, 92,40 t, Baustahl, beige lackiert. Metallarbeiten: von Schaewen AG, Essen; Lackierarbeiten: Klaus Strauch, Gütersloh.
(Seiten 47, 51, 54)

***Die Quälerei*, IV**
2006, 7,0 x 6,4 x 0,23 m, 31,12 t, Baustahl, weiß lackiert. Metallarbeiten: Jebens GmbH, Korntal-Münchingen; Lackierarbeiten: Klaus Strauch, Gütersloh.
(Seite 56)

Der Ritter mit der Ente
2009, 7,0 x 4,7 x 0,23 m, 25,64 t, Baustahl, in zwei Blautönen lackiert. Metallarbeiten: von Schaewen AG, Essen; Lackierarbeiten: Klaus Strauch, Gütersloh.
(Seite 52)

***Der Schmied*, I**
2002, 10,0 x 9,2 x 0,33 m, 112,00 t, Baustahl, unbehandelt. Metallarbeiten: von Schaewen AG, Essen.
(Seiten 30, 33)

Der Schreiber
2006, 7,1 x 2,5 x 0,23 m, 9,18 t, Baustahl, weiß lackiert. Metallarbeiten: Jebens GmbH, Korntal-Münchingen; Lackierarbeiten: Klaus Strauch, Gütersloh.
(Seiten 46, 47, 54)

So weit darf es eigentlich nicht kommen (»Rumpelstilzchen«)
2011, 2,2 x 0,97 x 0,07 m, 0,42 t, Baustahl, schwarz lackiert. Metallarbeiten: Wilhelm Deppe jr. GmbH & Co. KG, Bielefeld; Lackierarbeiten: Werner Steinbreder, Melle.
(Seite 31)

***Tanzender Berserker. Der Abendgänger*, I**
1984, 4,4 x 3,5 x 0,14 m, 6,41 t, Baustahl, unbehandelt. Metallarbeiten: Friedrich Amtenbrink GmbH, Gütersloh.
(Seiten 22, 58/59)

***Tanzender Berserker. Der Abendgänger*, II**
2007, 7,5 x 5,9 x 0,23 m, 27,98 t, Baustahl, unbehandelt. Metallarbeiten: Jebens GmbH, Korntal-Münchingen.
(Seiten 44/45, 47)

***Tanzender Berserker. Der Doppelgänger*, I**
1984, 4,5 x 3,1 x 0,14 m, 6,41 t, Baustahl, unbehandelt. Metallarbeiten: Friedrich Amtenbrink GmbH, Gütersloh.
(Seiten 22, 58/59)

***Tanzender Berserker. Der Doppelgänger*, I**
2007, 7,6 x 5,2 x 0,23 m, 28,11 t, Baustahl, unbehandelt. Metallarbeiten: Jebens GmbH, Korntal-Münchingen.
(Seiten 44/45, 46, 47, 54)

***Die Vernichtung des Elefanten*, II**
2009, 7,0 x 5,0 x 0,23 m, 28,11 t, Baustahl, schwarz lackiert. Metallarbeiten: von Schaewen AG, Essen; Lackierarbeiten: Klaus Strauch, Gütersloh.
(Seiten 48, 51)

Der Vogel und der Sohn des Vogels
2003, 6,3 x 4,2 (3,7) x 0,55 m, 12,00 t, Baustahl, in 32 Farben lackiert. Wilhelm Deppe jr. GmbH & Co. KG, Bielefeld; Lackierarbeiten: Heinz Winter, Borgholzhausen.
(Seiten 24, 25, 30, 31)

Weitere Firmen
Statik: Gauger & Partner, Filderstadt-Plattenhardt
Kran: Fosolev Atlantique (ex. Landrau Levage), Saint-Sylvain d'Anjou
Fundamente: Entreprise Gitton, Chevagnes

Die angegebenen Gewichte schließen die jeweiligen Sockelplatten ein.

Parc de sculptures Erich Engelbrecht
Château des Fougis
F-03220 Thionne
France
Tel. +33-(0)961-521412, +33-(0)683-712493
Tel. +49-(0)5428-921744, +49-(0)163-7339218
info@engelbrecht.art
www.engelbrecht.art